浙江省高校新型智库地方财政研究院智库成果

共同富裕之路
浙江缙云的实践

余丽生 等◎著

The Road Towards
COMMON PROSPERITY
From the Practice of Jinyun in Zhejiang

中国财经出版传媒集团

经济科学出版社
Economic Science Press

课 题 组

课题组组长： 余丽生　朱仕华
副 组 长： 俞根文
成 员： 应莉红　马萍坚　李　帅
　　　　　朱　航　占泽英　楼　蕾
　　　　　蔡超梅　季　拓　宋莹莹
　　　　　李济南

前 言

习近平总书记指出,"共同富裕是社会主义的本质要求,是中国式现代化的重要特征。我们说的共同富裕是全体人民共同富裕,是人民群众物质生活和精神生活都富裕,不是少数人的富裕,也不是整齐划一的平均主义"(《扎实推动共同富裕》,载于《求是》2012年第20期)。我国进入全面建成社会主义现代化强国时期,共同富裕将成为社会主义现代化建设的必然。党的十九届五中全会提出"全体人民共同富裕取得更为明显的实质性进展",对共同富裕建设提出了明确的要求。《中华人民共和国国民经济和社会发展第十四个五年规划和2035年远景目标纲要》明确提出"全体人民共同富裕迈出坚实步伐",并提出"浙江高质量发展建设共同富裕示范区",对未来共同富裕建设做出了明确部署。中央财经委员会第十次会议,研究扎实促进共同富裕问题,明确要求要坚持以人民为中心的发展思想,在高质量发展中促进共同富裕,正确处理效率和公平的关系,构建初次分配、再分配、三次分配协调配套的基础性制度安排,加大税收、社保、转移支付等调节力度并提高精准性,扩大中等收入群体比重,增加低收入群体收入,合理调节高收入,取缔非法收入,形成中间大、两头小的橄榄型分配结构,促进社会公平正义,促进人的全面发展,使全体人民朝着共同富裕目标扎实迈进。浙江省丽水市缙云县是个"八山一水一分田"的山区县,也是浙江省26个加快发展县。近年来,缙云县围绕高质量发展建设共同富裕的要求，重视财税职能作用的发挥，积极发挥市场在资源配置中的决定性作用和政府的重要作用，大力发展特色农业，积极做强工业基础，不断推进乡村振兴，共同富裕取得明显成效。2021年全县实现GDP 273.93亿元，与2020年相比增长9.9%；实现规上工业增加值69.5亿元，增长21.7%，总量和增速均排名丽水市第一；财政总收入和一般公共预算收入分别突破30亿元和20亿元；实现浙江省山区26个加快发展县发展实绩考核"六连优"。2022年上半年，在疫情反复、外部环境不确定等因素的影响下，缙云县GDP实现138.98亿元，同比增长5.5%，增速丽水市第一、浙江省山区26县第四，27项主要指标中20项排名丽水市前三，连续两个季度获全省投资"赛马"激励，跻身2022年赛迪长三角百强县榜单，保持了稳中有进的良好态势。缙云县的发展引起了越来越多的关注，成为加快发展县推进共同富裕发展的典范。

（一）

尽管缙云是个典型的山区县，但缙云发展经济也有得天独厚的优势。优美的自然生态，深厚的文化底蕴，是缙云持续发展的竞争力。缙云县始建于公元696年，迄今已有1300多年历史，县域面积1503平方公里，人口47万，下辖7镇8乡3街道，253个行政村，是全国唯一一个以轩辕黄帝的名号命名的县，素有"黄帝缙云·人间仙都"的美誉。

缙云是交通便利的通衢要地。地处温州、台州、金华、丽水四市交界，与莲都、青田、永嘉、仙居、磐安、永康、武义七县接壤，自古就有"三府通京喉道"之称。境内有1条国道、2条高速、2条铁路和1条高铁，最快的一趟列车到杭州仅一个小时，是丽水交通最为便捷的县（市、区）之一。

缙云是底蕴深厚的人文盛地。悠久的历史孕育了黄帝、婺剧、石头、书法、耕读等特色地方文化——黄帝文化源远流长、百年婺剧传唱不息、千年石城古韵悠悠、书法研习蔚然成风、耕读家风广受赞誉，尤其黄帝文化声名远播。缙云是中国南方黄帝文化研究中心、传播中心和黄帝祭祀中心，仙都黄帝祭典入选国家级非物质文化遗产，也是近年来全国唯一实现升级由省政府主办的庆典活动，2022年黄帝文化还被历史性地写入浙江省第十五次党代会报告——《忠实践行"八八战略"坚决做到"两个维护"在高质量发展中奋力推进中国特色社会主义共同富裕先行和省域现代化先行》，进一步丰富了浙江厚重的历史文化标识。

缙云是宜居宜游的养生福地。先后创成国家级生态县、国家级生态示范区、生态文明建设典范城市、省生态文明建设示范县，是全省首批"两美浙江"特色体验地之一。缙云的山奇，涵盖了火山岩、花岗岩和丹霞地貌三种地质地貌，仙都成为国家地质公园；水秀，是瓯江、钱塘江、灵江"三江之源"；气清，连续三年入选中国深呼吸小城100佳；人长寿，百岁老人占比是全国长寿之乡评定标准的2倍多，是名副其实的养生福地、长寿之乡，民间还有"缙云走一走，活到九十九""多走几趟，百岁以上"的美谈。

缙云是活力涌现的创业宝地。全县现有工业企业3500余家，规上企业271家，高新技术企业113家，形成了机械装备、健康医疗、短途交通和智能家电等主导产业。其中，带锯床作为传统优势产业占据全国近七成市场份额。100多项产品或技术跻身全国或全球领先行列。县域科创指数走在浙江省山区26县前列，是全国创新百强县，R&D占比超全国平均水平，先后填补了浙江省领军型创新创业团队、浙江省科技进步一等奖等八项丽水市相关领域空白，获得了浙江省山区26个加快发展县首个科技创新鼎，并连续第四次获得浙江省"市县党政领导科技进步目标责任制考核"优秀。以缙云烧饼、缙云爽面、缙云茭白、缙云黄茶、缙云麻鸭"五彩农业"为代表的乡愁富民产业蓬勃发展，走出了一条蚂蚁雄兵式的增收富民之道。

（二）

有了自然的禀赋，不等于就有发展优势。如何把资源优势转化为发展优势，把生态优势转化为经济优势，把文化优势转化为创新优势，关键是要结合地方实际，把群众的创造性激发出来，让人民群众成为市场的主体，政府的重要作用是引导，发挥财政资金四两拨千斤的作用，缙云县在高质量发展建设共同富裕方面作了很好的实践探索。

缙云做好农业"稳"的文章。"无农不稳"，农业是国民经济的基础，是社会稳定的保障，缙云县在稳定粮食生产的同时，大力发展有代表性、有故乡情、有乡土味、有独特性、有价值链的"黄（烧饼、黄茶）、白（茭白、爽面）、红（杨梅）、黑（梅干菜）、灰（麻鸭）"的五彩乡愁富民产业，增添农业产业发展动能、撬动经济效益，加快实现"生态美、百姓富"，让更多的农民先富起来，从而更快实现共同富裕，为后发地区实施乡村振兴战略和县域经济发展提供了有力探索。据统计，2021年，缙云县实现烧饼产值27亿元、黄茶产值0.98亿元、茭白产值15亿元、爽面产值2.4亿元、菜干产值0.64亿元、杨梅产值1.3亿元、麻鸭产值21.8亿元。2021年，缙云县实现农村常住居民人均可支配收入26422元，增长12.6%，增速不仅在丽水市，在浙江省也保持前列。

缙云做好工业"强"的文章。"无工不富"，工业是地方经济实力的基础，是财政收入的保障，加快发展县普遍特点是工业的基础薄弱，这也是之所以成为加快发展县的原因所在。缙云尽管是加快发展县，但缙云历来重视工业的发展，始终坚持"工业强县"的政策，经过多年的培育和发展，缙云的工业基础有了显著提高，形成了以机械装备、健康医疗、智能家电、短途交通产业为基础的工业体系，成为加快发展地区发展工业的典范。2021年,四大主导产业累计完成规上产值323.7亿元,在全县规上工业产值比重中占84.6%,其中机械装备产业实现规上产值183.2亿元,成为全省26个加快发展县中8个百亿产业之一。缙云不仅被列入第三批"浙江制造"品牌培育试点县,更成功入选"中国创新百强县"。

缙云做好服务业"活"的文章。无商不活,服务业建立在工业、农业发展的基础上,又为工业、农业的发展创造条件。在众多的服务业中,缙云立足生态优势,推动旅游业尤其是全域旅游的发展,使旅游业一枝独秀,提高了缙云的知名度和社会影响力。全县拥有一个国家5A级旅游景区(仙都景区),2个4A级旅游区,5个3A级旅游区,2个全国重点文物保护单位,创成各类"旅游+"产业融合示范基地37个。并成功创建浙江省首批全域旅游示范县,被国际旅游联合会授予"最佳品质旅游县"。

缙云做好财政政策"实"的文章。缙云是个加快发展县,也是财政困难县,2021年实现财政总收入32.21亿元,比上年增长16.7%,其中:一般公共预算收入20.00亿元,增长15.9%;一般公共预算支出66.80亿元,增长1.7%。财政收支矛盾突出,需要省级财政的转移支付。在财力有限的前提下,缙云县始终重视发展财政资金四两拨千斤的作用,积极引导社会资本推进缙云经济社会发展,把财政资金用好,用出效益。

缙云农业稳、工业强、服务业活、财政政策实,为缙云县高质量发展共同富裕奠定了基础,同时也是缙云县共同富裕建设的活力所在。

(三)

共同富裕是发展问题,也是财政问题。共同富裕的实现依靠发展,只有把经济的蛋糕做大,共同富裕的实现才有基础,才有可能。同时,共同富裕的实现又需要财政政策的调控，财政要做好托底的文章，把低收入群体和困难家庭充分考虑到，让他们能够享受发展的成果、改革的红利，共同富裕才能稳固。共同富裕的实现是个长期的过程，不能一蹴而就，这是共同富裕建设需要关注的，以避免共同富裕建设上的形式主义。

缙云县共同富裕的实践和探索，许多做法是可复制、可推广的。为了总结缙云县的做法和经验，推动共同富裕尤其是加快发展县共同富裕的实现，我们多次到缙云县调研，了解农村和企业的发展变化，也与缙云县政府各有关部门和单位多次交流探讨，获得了丰富的调研数据。通过调研交流共同富裕的实践经验，探寻共同富裕的发展方向，以弥补共同富裕发展的短板，这是我们对缙云县共同富裕研究的目的所在。

实践无止境，发展无止境，美好的生活靠创造，共同富裕的实现靠奋斗。撸起袖子加油干，共同富裕终将实现！

余丽生

2022 年 9 月 10 日

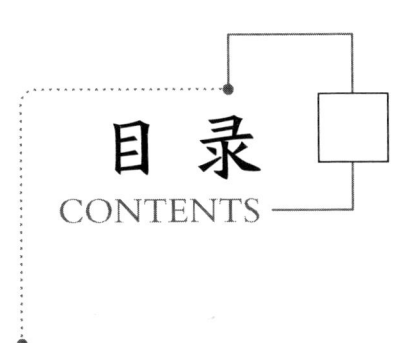

第一章　共同富裕建设的理论分析

- 002　一、共同富裕的理解
- 005　二、共同富裕的理论依据
- 010　三、共同富裕建设的必要性
- 014　四、共同富裕建设的路径选择

第二章　县级共同富裕建设的实践

- 019　一、县级探索共同富裕的实践基础
- 026　二、县级主要发展指标比较分析
- 035　三、县级实现共同富裕的实践成效
- 058　四、县级实现共同富裕的经验总结
- 061　五、县级实现共同富裕存在的问题

第三章　县级共同富裕建设比较

068　一、山海协作推动共同富裕的探索
072　二、共同富裕建设比较
094　三、共同富裕视角下的经验借鉴

第四章　县域共同富裕建设实践的成功经验

101　一、把小产品做成富民大产业的烧饼经验
109　二、把生态"黄叶"打造成致富"金叶"的黄茶经验
114　三、把传统农产品做成创业增收产业的爽面经验
119　四、把单一种植业发展成生态环保产业的茭鸭共生经验

第五章　县域共同富裕建设实践的典型案例

127　一、把无名变成美名的仁岸经验
134　二、把负债变成富裕的联丰经验
140　三、把传统变成流传的东方经验
146　四、把小产业培育成大市场的壶镇经验

第六章　县级共同富裕建设的财政体制机制构建

155　一、县级共同富裕建设的财政体制机制构建实践
166　二、县级共同富裕建设中财政体制机制存在的问题
173　三、县级共同富裕建设财政体制机制构建的对策建议

Chapter 1

第一章
共同富裕建设的理论分析

共同富裕是社会主义的本质要求,是人民群众的共同期望,也一直是我们党团结带领全体人民不懈奋斗的初心使命。党的十九届五中全会提出"全体人民共同富裕取得更为明显的实质性进展"。2021年1月11日,在省部级主要领导干部学习贯彻党的十九届五中全会精神专题研讨班开班式上,习近平总书记强调,"实现共同富裕不仅是经济问题,而且是关系党的执政基础的重大政治问题"。《中华人民共和国国民经济和社会发展第十四个五年规划和2035年远景目标纲要》中明确提出"全体人民共同富裕迈出坚实步伐",并提出"浙江高质量发展建设共同富裕示范区"。2021年8月17日,中央财经委员会第十次会议研究了扎实促进共同富裕问题,强调共同富裕是社会主义的本质要求,是中国式现代化的重要特征,要坚持以人民为中心的发展思想,在高质量发展中促进共同富裕。共同富裕成为当前和今后经济社会发展的重点。2021年6月10日,《中共中央 国务院关于支持浙江高质量发展建设共同富裕示范区的意见》发布,赋予浙江高质量发展建设共同富裕示范区的使命任务。

浙江应抓住机遇,先行先试、作出示范,争取在探索破解新时代社会主要矛盾方面取得明显成效,进一步丰富共同富裕的思想内涵,为全国推动共同富裕提供省域范例。浙江既不是全国经济总量最大的省份,也不是居民收入最高的省份,浙江成为全国高质量发展建设共同富裕示范区,既体现了党中央、国务院对浙江经济社会发展的肯定,也体现了浙江省经济社会发展的优势。虽然浙江整体经济基础较强,但仍存在区域发展不均衡等挑战,山区26县是高质量建设共同富裕示范区过程中的重点和难点,探索加快发展县如何走高质量发展之路是当前和今后必须跨越的重要一步。加快发展县缙云县共同富裕的实践探索,为县域如何推进高质量发展建设共同富裕提供了有效的思路和成功的实践。

一、共同富裕的理解

要实现高质量建设共同富裕区必须全面认识和理解何为高质量、何为共同富裕,才能更好地落实和推进共同富裕示范区的建设。何为高质量?高质量发展是党的十九大提出的新范畴,"我国经济已由高速增长阶段转向高质量发展阶段",是党的十九大作出的重要论断。高质量发展原本是指经济高质量发展,是指进入相对于经济高速增长的新发展阶段;是指采用相对于粗放式发展方式的新发展方式。但从本质上是坚持以人民为中心的发展思想、贯彻新发展理念的发展,是创新、协调、绿色、开放、共享的发展。何为共同富裕?通常的理解首先是富裕,这是共同富裕的前提,没有前提的基础,谈不上共同富裕,那只能是平均主义,容易导致贫困。对富裕的认识,也没有统一的规定,更何况富裕也是相对的。但必须把经济发展好,把国民收入的"蛋糕"做大,是共同富裕建立在富裕的基础上,这是共同富裕的基础,也是共同富裕的保障。同时,光有富裕,社会成员的收入差距过大,那也不是共同富裕。因此,共同富裕必须是在富裕的基础上,社会成员之间的富裕程度要保持同步,收入差距比较少或者说收入差距是社会能够接受的范围,这是共同富裕的要求。

由于国情和发展水平的不同,各国对共同富裕的要求也有所差异,从我国国情出发对共同富裕的内在要求,共同富裕必须体现在多方面。

一是城乡之间要均衡发展。城乡之间有差距这是客观事实,政府的目标是逐步缩小这种差距,国家推行的许多针对农村的政策,如新农村建设、乡村振兴战略等,目的就是推动农村经济社会发展,缩小城乡之间的差距。光有城市的现代化,没有农村的现代化;光有城市的发展,没有农村的发展,都无法实现共同富裕。20世纪八九十年代出现的"拉美陷阱"(中等收入陷阱)就是因为没有处理好城乡关系,大量农村人口涌入城市,给城市带来交通、住房和就业等压力,导致大量人口失业,以致出现社会治安恶化、犯罪率上升等社会问题。因此,共同富裕要体现城乡之间的均衡,使城乡同步发展,农村也能享受改革开放的成果,真正使农村"看得见水,望得见山,记得住乡愁"。

二是区域之间要均衡发展。由于地理、历史、自然等原因,各地的资源禀赋、发展条件、生产环境不同,地区之间的差距是客观存在的,这是不以人的意志为转移的。各地要发挥市场在资源配置中的决定作用,发挥市场的调节作用,同时因为市场作用不到或作用不好,导致地区差距过大、地区发展失衡时,要发挥政府的重要作用,提高政府的转移支付、政策支持推动区域的均衡发展,国家实施的西部大开发、东北振兴、中部崛起等,其目的就是推动区域的均衡发展,实现共同发展、共同富裕。

三是群体之间要均衡发展。由于社会分工的不同，以及人的能力大小不一，甚至是机会的不均等，社会群体之间是有差异、有分工的，这是社会存在的客观事实，群体之间的差异是客观存在的。群体之间的差异有利于社会的竞争，推动社会发展，现代社会就是要创造公平的竞争机会，实现机会的均等，但群体之间如果差距过大，也会影响社会的发展与社会进步，需要政府通过税收政策、社会保障制度安排来进行调节，实现群体之间的均衡发展。

根据共同富裕内涵的要求，从共同富裕的外延看，平均主义不是共同富裕。共同富裕不等于平均主义，有时人们往往把共同富裕理解为平均主义。其实，这是对共同富裕的误解，平均主义不会实现共同富裕，只会导致共同贫困，我国这方面的教训是深刻的。邓小平指出，"搞平均主义，吃'大锅饭'，人民生活永远改善不了，积极性永远调动不起来"[1]。共同富裕不等于平均主义，平均主义不等于社会主义，平均主义的结果是"大锅饭"，以致共同贫困、共同落后。平均主义不利于调动人的积极性，实现共同富裕关键要把人的积极性调动起来，共同参与到共同富裕的实践中，才能实现共同富裕。同样，仅靠政府的政策分配难以实现共同富裕。讲到共同富裕，人们自然想到国家的政策，通过政策调节来实现共同富裕。的确，政策调节是实现共同富裕的重要条件，但不是根本条件，光靠政府调节实现的共同富裕是不可持续的，实现共同富裕的关键靠发展，把国民收入的"蛋糕"做大，才有分"蛋糕"的可能性。正如邓小平指出的："社会主义的本质，是解放生产力，发展生产力，消灭剥削，消除两极分化，最终达到共同富裕。"[2] 习近平总书记十分重视共同富裕问题，他指出，"我们说的

---

[1] 《邓小平文选》（第三卷），人民出版社1993年版，第157页。
[2] 同上，第373页。

共同富裕是全体人民共同富裕，是人民群众物质生活和精神生活都富裕，不是少数人的富裕，也不是整齐划一的平均主义"①。经济发展才是共同富裕的前提，我们必须始终不放松发展，把发展放在尤为突出的重要位置。在此基础上，通过国家的政策，如通过税收、社会保障、转移支付等调节作用，使共同富裕更好更多汇集社会，让全体人民共享改革开放和经济社会发展的成果，这才是正确处理共同富裕、实现共同富裕的长久之计。

二、共同富裕的理论依据

共同富裕不仅是社会主义的本质要求，而且是经济社会发展的必然选择。只有推进共同富裕建设，才能符合社会主义生产目的所要求的"人们对美好生活的追求，就是我们的奋斗目标"②。推动共同富裕建设不仅在理论上是可行的，是符合经济社会发展规律的，是政府需要作用的，而且在实践上也是必需的，体现了政府职能的强化和对经济社会发展的驾驭能力，这不仅是经济社会发展的需要，更是国家治理体系和治理能力现代化发展的要求。

（一）市场失灵理论

在市场经济条件下，通过市场机制配置资源在促进效率提高的同时，会引起社会分配不公，贫富差距扩大，即市场失灵，需要政府进行市场干预，以维护社会公正与稳定。党的十四大提出我国经济体制

---

① 《习近平谈治国理政》（第四卷），外文出版社2022年版，第142页。
② 《中国共产党群众路线思想史》，人民出版社2013年版，第350页。

改革的目标是建立社会主义市场经济体制,发挥市场在资源配置中的基础性作用。党的十八届三中全会进一步提出要发挥市场在资源配置中的决定性作用和政府的重要作用。经过40多年的市场经济体制改革和发展,我国的市场经济发展取得了举世瞩目的成就,但在市场经济配置资源的过程中市场失灵问题依然存在,如贫富差距、城乡差距、地方发展不平衡等,需要政府的干预。市场在资源配置中的决定作用和政府的重要作用,说明了政府和市场的关系,政府对市场配置资源矫正作用的必要性。在市场配置资源中,市场作用不得或作用不好主要集中收入分配差距,包括城乡之间、地区之间、社会群体之间的收入差距。推进共同富裕建设,加快区域之间、城乡之间协调发展,就是为了更好有效配置资源,提高资源的使用效益,避免市场失灵和资源配置的损失浪费。因此,市场失灵决定了在区域发展过程在,要加大政府的作用,更加关注和支持经济相对不发达地区、农村地区的发展,增加对经济相对不发达地区、农村地区的支持力度,推动区域的协调和城乡的均衡发展,以实现共同富裕。

(二) 公共财政理论

公共财政是指在市场经济条件下国家提供公共产品或公共服务的分配活动或分配关系,是满足社会公共需要的政府收支模式或财政运行机制模式,是与市场经济相适应的一种财政类型,是市场经济国家通行的财政体制和财政制度。同时,公共财政又是和国家治理体系与治理能力现代化相适应的,是国家治理的基础和重要支柱。公共财政最大的功能是弥补市场失灵。在市场经济中,市场机制在资源配置中发挥着决定性的作用,但在某些领域,如公共产品、外部性、自然垄断、信息不对称、社会分配不公、宏观经济不稳定等,市场机制难以发挥作用，存在市场失灵或市场缺陷。正是这些市场失灵领域的存在，决定了政府干预和财政介入的必要性和范围。换言之，市场失灵的存在是公共财政存在的前提，政府和公共财政的存在绝不是取代市场机制在资源配置中的决定性作用，而仅仅是对市场失灵领域的矫正和弥补，以确保市场资源配置决定性作用的发挥，维护市场经济的正常运转。共同富裕建设就是要按照公共财政的要求，发挥公共财政的职能作用，加大政府财政对地区之间、城乡之间、社会群体之间的分配调节，把公共资源更多向落后地区、农村和困难群体倾斜，以实现区域之间、城乡之间的均衡发展和公共服务的均等化。

（三）区域经济发展理论

区域经济是从经济学角度研究区域经济发展与区域关系协调的科学。区域经济理论最大的价值是应用性，以解决实际问题，形成了区域经济发展的辐射理论、增长理论等，对推进区域协调发展战略具有宝贵的实际意义。区域经济辐射指经济发展水平较高的区域对水平较低的区域进行资本、人才、技术等经济发展要素的流动与传输。经济发展水平和现代化程度相对较高的区域被称为辐射源，交通条件、信息传播手段和人员的流动等成为辐射的媒介。辐射理论对制定区域经济发展战略、促进资源合理配置和要素有序流动等方面具有明显的实践指导意义。同时在区域增长过程中，根据产业的不同，经济增长速度也有区别，其中增长较快的成为该区域的主导产业和创新产业。这些产业常常会在某一特定区域集聚，优先发展，这种特定区域被称为增长极。增长极具有极化效应、扩散效应和溢出效应。在进行区域产业布局时，应根据区域特点和比较优势选择发展主导产业和创新产业，促进其形成增长极，然后通过增长极的扩散效应带动周边地区和产业的发展。共同富裕,就是通过政府的引导,通过资源的优化配置,发挥和利用好经济辐射作用,促进资源流动,推动区域之间、城乡之间的均衡发展。

(四) 公平正义理论

公平是指处理事情合情合理,不偏袒某一方或某一个人,即参与社会合作的每个人承担着他应承担的责任,得到他应得的利益。公平包含公民参与经济、政治和社会其他生活的机会公平、过程公平和结果分配公平。正义则是公正的义理,包括社会正义、政治正义和法律正义等。公平正义体现在以下几方面。一是机会公平、平等。社会要建立开放的社会体系,那些对人的生存与人的自由全面发展十分有利的机会应当平等分享。需要实现的公平与平等包括:教育公平、就业机会公平、职务地位升迁机会平等。二是收入和财富分配的正义与公平。三是在法律面前人人平等,公民的权利与义务平等分摊。社会公平正义,是社会稳定的基础,是中国特色社会主义的内在要求。实现社会公平正义,也是"以人民为中心"执政理念的切实体现。党的十八大报告指出:公平正义是中国特色社会主义的内在要求。要在全体人民共同奋斗、经济社会发展的基础上,加紧建设对保障社会公平正义具有重大作用的制度,逐步建立以权利公平、机会公平、规则公平为主要内容的社会保障体系,努力营造公平的社会环境,保证人民平等参与、平等发展权利。由于区域发展的不均衡,社会成员在出身、资本、教育程度、公共权力、信息水平以及人际关系等社会因素占有的不同,在一定程度上决定了机会的不同,机会公平没有完全实现。共同富裕建设,加大了地区之间、城乡之间、社会群体之间的公平,实现了区域之间、城乡之间的均衡发展,有利于社会公平公正的实现,让不同区域的人都能公平享受社会的公共服务和社会的发展成果。

（五）六项扣除理论

马克思主义经济理论认为，社会总产品经过分配和再分配，最终将会形成补偿基金、消费基金和积累基金，这是社会得以发展、经济得以运行的必要条件。为了使社会再生产周而复始地进行，社会总产品不能全部"不扣不扣"的分光、吃光、用光，而必须首先进行扣除。马克思指出："如果我们把'劳动所得'这个用语首先理解为劳动的产品，那么集体的劳动所得就是社会总产品。现在从它里面应该扣除：第一，用来补偿消耗掉的生产资料的部分。第二，用来扩大生产的追加部分。第三，用来应付不幸事故、自然灾害等的后备基金或者保险基金。从'不折不扣的劳动所得'里扣除这些部分，在经济上是必要的，至于扣除多少，应当根据享有的物资和力量来确定，部分地应当根据概率论来确定，但是这些扣除根据公平原则无论如何是无法计算的。剩下的总产品中的其他部分是用来作为消费资料的。在把这部分进行个人分配之前，还得从里面扣除：第一，和生产没有关系的一般管理费用。同现代社会比较起来，这一部分一开始就会极显著地缩减，并随着新社会的发展而日益减少。第二，用来满足共同需要的部分，如学校、保健设施等。同现代社会比起来，这一部分一开始就会显著增加，并随着社会的发展而日益增长。第三，为丧失劳动能力的人等等设立的基金，总之，就是现在属于所谓官办济贫事业的部分。"[①] 在马克思的"六项扣除"理论中，第一项扣除形成补偿基金，第二项扣除形成积累基金，第三项扣除虽然并不一定在将来被投入社会再生产

---

① 《马克思恩格斯选集》（第19卷），人民出版社1965年版，第19、20页。

之中，但是，就其作为社会总产品未被消费的意义来讲，也可视为积累，后三项扣除形成公共消费基金，是全社会消费基金的组成部分。马克思六项扣除理论认为，满足社会公共需要在国民收入初次分配和再分配中都具有十分重要的地位。国民收入分配包括国民收入的初次分配和再次分配两个环节。国民收入的初次分配就是在国民收入"蛋糕"既定的前提下，如何处理好国家、集体和个人的分配关系，实质是如何处理好积累和消费的关系。国民收入的再次分配就是在国民收入初次分配的基础上，通过政府财政对国民收入的重新分配，以调节国民收入分配的结构，确保政府职能的实现。国民收入初次分配更多的是市场行为，应坚持"效率优先和公平兼顾"，国家既不能不干预，又不能过多干预，否则就会违背市场经济的分配原则，在国民收入初次分配环节，国家能够调控的力度有限。而国家通过税收等形式对国民收入初次分配集中的资金，再用于国民收入的再分配。在国民收入再分配环节，国家能够调节的余地大。国家参与国民收入再分配更多考虑公平的需要，用于满足共同需要的部分，如学校、保健设施等，即国家要加大对民生的投入，以解决医疗、就业、就学、社会保障等社会问题。共同富裕的核心是要解决社会分配的公平问题，缩小收入差距，把解决城乡差异、地区差异、社会群体的收入差异作为重点，构建"扩中""提低"的橄榄型社会，和马克思的六项扣除理论是一致的。

三、共同富裕建设的必要性

共同富裕是社会主义的本质要求，是人民群众的共同期望，是中国共产党"全心全意为人民服务"宗旨的体现和要求，以更好更快推进区域之间、城乡差距的均衡发展,实现城乡居民收入水平的提高,不仅有理论意义,更有现实意义。

(一)共同富裕是实现中华民族伟大复兴中国梦的需要

中国作为世界大国,如何通过和平发展崛起,实现中华民族伟大复兴的中国梦是每个中国人、每个炎黄子孙的共同心愿。每个人对中国梦的理解可能所有不同,表现形式也是多方面的,但中国梦突出表现在"民富国强"上是不容置疑的。只有"民富国强"实现了,中国梦才有可能实现,任何"国强民不富"或"民富国不强"都不是中国梦的表现。

经过改革开放40多年发展,我国的经济社会发展取得了举世瞩目的成就。《中国统计年鉴(2021)》数据显示,到2021年我国的GDP已达114.37万亿元,已成为世界第二大经济体,基本实现"国强"的发展目标。但是与14亿人口比较,尽管我国的人均GDP达到80976元,折算成美元为1.255万美元,连续多年超过1万美元,但还处于世界中等水平,与高收入国家相比还有很大的差距。我国的经济社会发展还没有达到发达国家的水平、还没有得到富裕的程度,还没有实现"民富"的发展目标。我国仍然是世界上最大的发展中国家,还处于社会主义初级阶段,这其中最突出的问题是农村问题、城乡差距问题。和城市相比,我国农村的基础设施、生活条件、生产环境还比较落后,农民的收入水平还比较低,而这种差距正是我国未来发展的潜力所在,是未来经济增长的潜力所在。共同富裕建设就是要把发展和收入分配更好结合起来,把更多的资源向农村、向中西部地区、向低收入人群倾斜,把经济发展起来,提高城乡居民的收入水平,让农村发展得更好,缩小城乡差距、地区差距,让改革发展的成果惠及全民,确保

"民富国强"的目标实现,中华民族伟大复兴中国梦的实现。

(二) 共同富裕是实现跨越式发展的需要

中国作为世界上最大的发展中国家,如何让人民过上美好的生活,必须解决发展的问题,这是发展中国家面临的共同问题。以经济建设为中心始终是我国的国策,是我国经济社会发展的要求。发展就要找到发展的方向、发展的目标,实现弯道超车,快速发展。作为发展中国家,优势很多,其中一个最大的优势是比较经济学所说的后方优势,可以通过比较,从中找到发展的路径,少走弯路。这就需要对资源进行合理配置,以避免资源的闲置和浪费,避免地区之间由于资源配置不均,出现恶性竞争、低价竞争等情况,影响了资源的有效利用和经济竞争的整体优势。共同富裕建设就是后发优势的重要举措,要通过资源整理考虑,做好资源的统筹规划,将资源配置到更需要的地方,提高资源的使用效益,发挥资源的价值,把资源优势变为经济优势,转而成为发展优势,实现经济的跨越式发展。尤其是要加快相对落后地区的发展,使相对落后地区成为经济发展的新增长点,实现区域经济的均衡发展。

(三) 共同富裕建设是城乡融合发展的需要

共同富裕的难点在农村,重点在偏远地区的乡村。尽管农村税费改革以来,尤其是新农村建设以来,国家通过新农村建设、美丽乡村建设,把公共服务的资源向农村辐射,农村的面貌有了很大的变化,农民的收入水平有了很大的提高。2021年我国的农民收入达到18931元,比上年增长10.5%,而同期的城镇居民收入47412元,比上年增长 8.2%，城乡收入之比从 2014 年的 2.75∶1 降到 2021 年的 2.30∶1。从浙江省的情况看，"千村示范，万村整治"实施以来，浙江省的农村发展很快，城乡差距不断缩小，城乡居民的收入比从 2014 年的 2.09∶1 缩小到 2021 年的 1.94∶1，城乡居民收入在全国省区中是最接近的。① 但是，城乡的差距是长期形成的，要缓解长期形成的问题是一个长期的过程，更需要解决乡村问题切实可行的办法。城乡的融合发展是基础，更是关键，是解决农村问题的根本举措。而共同富裕建设和城乡融合发展是互促互进的，共同富裕建设就是要推动城乡资源、要素的流动互通，把更多的资源要素向乡村延伸，形成工业反哺农业、城市支持农村的格局，从而加快农村的发展，形成城乡融合发展的格局，以破解共同富裕建设的难题，使共同富裕能够得到更好的实现。

（四）共同富裕是实现公共服务均等化的需要

为社会提供公共产品，满足社会公共需要是政府的职责所在。由于历史和地理以及资源禀赋的不同，地区之间发展是不均衡的，以致出现了东西之间、南北之间的差异，影响了共同富裕的实现。由于区域发展的不均衡，地区之间、城乡之间公共服务的提供是不均衡的，财政的转移支付，很大程度上是为了均衡地区之间的公共服务，以解决发展的不均衡不充分问题。同时，政府在加大公共产品、公共服务提高的同时，也出现公共产品、公共服务的使用效益不高，公共产品、公共服务的重复配置，闲置浪费情况严重的问题。共同富裕建设，通过政府财政的转移支付等政策，把更多的资源配置到发展比较慢、相对困难的地区，国家实施的西部大开发、东北振兴、中部崛起战略，

---

① 根据《中国统计年鉴》（2014～2021 年）相关数据整理。

就是为了推动区域的均衡发展。在此前提下,还要更好在区域内配置公共产品和公共服务,提高公共产品和公共服务的辐射范围,避免重复配置、多头配置,把政府的资源、资金用好,更好地实现公共服务的均等化,让公共产品、公共服务惠及更多地区、更多城乡居民,实现效益的最大化。

四、共同富裕建设的路径选择

既然共同富裕是社会主义的本质要求,那么建设高质量共同富裕就是社会主义经济社会发展的必然要求。党的十九届五中全会和第十次中央财经工作会议作出了具体部署,建设高质量共同富裕必须从初次分配、再分配、三次分配着手,处理好效率和公平的关系,发挥好财政的职能作用,确保全社会沿着高质量建设共同富裕的方向发展。

(一)初次分配,要做好发展的文章,实现更加富裕

初次分配是共同富裕的基础,因为实现共同富裕首先得有财富的创造,没有财富的创造共同富裕只能是无源之水。实现共同富裕要靠发展,这是分配的前提,没有经济社会的发展,何来财富的分配。发展就是要做大经济蛋糕,创造更多的国民收入,使社会财富的分配有来源。尽管收入分配有利于共同富裕的实现,但仅靠收入分配的调节无助于共同富裕的实现,收入分配是实现共同富裕的手段,最终的实现要靠发展,这是共同富裕的要求。经过改革开放40多年的发展,我国经济社会发展很快,到2021年底国内生产总值达到114.37万亿元,达到101.6万亿元,从2009年起就成为全球第二大经济体,这为共同

富裕创造了条件，但和我国 14 亿人口相比，人均的国内生产总值刚刚突破 1 万美元，发展水平还有待进一步提高，发展的任务依然艰巨，还存在地区发展不平衡、城乡发展差距大等问题，一些行业和领域的关键技术或关键产品还受制于人，补短板的任务艰巨。因此，面对不确定的外部世界以及国内外发展环境的变化，必须始终把发展放在首位，把人民对美好生活的追求放在首位，创造更好的发展环境，把资源优势转化为经济优势和发展优势，补好经济发展的短板，推动更高质量的发展。财政政策要实施更加积极有为，加大对经济发展的支持力度，落实好减税降费的政策，利用政府产业基金等政策工具，推动经济结构的调整，重点支持数字经济的发展和传统产业的数字化发展，把经济的"蛋糕"做得更大，把财政发展的基础做得更加扎实，使高质量共同富裕的实现有坚实的基础。

（二）再次分配，要做好托底的文章，实现更加公平

再次分配是实现共同富裕的重要保障，没有再次分配的调节，仅靠初次分配难以实现共同富裕，而通过再次分配用政府"有形之手"矫正市场"无形之手"，把"无形之手"和"有形之手"结合起来，才能实现共同富裕。初次分配强调效率优先，把国民收入的"蛋糕"做大，而再次分配则以公平优先兼顾效率，通过财政转移支付、社会保障等政策手段，把"蛋糕"切好，以共享改革发展成果，实现共同富裕。到 2021 年底，我国如期实现了全面脱贫的目标，全面建成小康社会，进入社会主义现代化建设新时期，实现了"有饭吃""有学上"等方面的发展目标，但是，解决了"扶一把"，还得"送一程"，要巩固脱贫成果，防止脱贫返贫，这是共同富裕的难点，我国这方面的任务依然存在并且在有些地区任务依然艰巨。再次分配要把重点放在解

决地区差距、城乡差距等方面，要加大对中西部地区、偏远地区的公共服务的投入力度，加大对困难群体、低收入群体的扶持力度，增加低收入家庭和低收入人口的收入水平，做好托底的文章，并逐步把托底的"底"抬高。财政政策是再次分配的重点，要制定更加公平的政策，转移支付要加大向中西部地区尤其是偏远地区的倾斜力度，提高这些地区公共服务的水平，尽量避免贫困的代际传承，实现偏远地区的跨越式发展。同时，要逐步健全社会保障体系，提高社会保障水平，尤其是医疗保险和养老保险水平，加大社会保险的救助力度，做到应保尽保，给困难家庭更多的资助，以避免因病返贫、因残返贫、因灾返贫等问题的产生。当然，财政政策在注重公平分配的前提下，也要提高效率，把财政资金用好，提高财政资金使用绩效，以实现"少花钱多办事，办好事"。

（三）三次分配，做好奉献的文章，实现更加均衡

三次分配是共同富裕的重要补充，在初次分配和再次分配的基础上，发挥三次分配的作用，主要是要发展社会的慈善事业，重点是要鼓励企业家、社会成功人士，一部分先富起来的人更多地参与社会捐赠，回馈社会，帮助更多的社会成员，实现共同富裕。如果说初次分配是做大蛋糕，扩大中产阶级群体的话；再次分配则是托底，抬高低收入群体的收入水平；那么三次分配更多是调节高收入群体的收入水平，即通过初次、再次、三次分配的调节，达到限"高、扩中、托底"的目标，形成橄榄形的社会分配格局，实现共同富裕。随着我国居民收入水平的提高，一部分先富起来的群体有了一定的财富积累，从事慈善事业有了一定的经济基础和社会基础。同时，从事慈善事业也是一部分先富起来人的价值追求，政府和社会要鼓励和引导慈善事业的

发展，为企业家和社会成功人士从事慈善事业提供更多的机会、创造更多的条件，形成从事慈善事业光荣、从事慈善事业人人有责的社会氛围，使从事慈善成为企业家和社会成功人士的自觉行动。当然，从事慈善事业必须是自觉自愿的，发自内心的，政府和社会不能强求，否则会影响慈善事业的发展。财政政策在三次分配中的作用举足轻重，是推进三次分配的重要因素，一方面要建立引导三次分配的政策，给参与捐赠的企业家一定的税收优惠政策，给慈善事业以政策支持；另一方面也要通过房产税、遗产税等的开征，使更多的企业家愿意从事慈善事业，财政政策要更多通过间接手段进行引导和调节，为三次分配分配创造更好的条件。

第二章
县级共同富裕建设的实践

"治国之道,富民为始。"中国特色社会主义的终极目标,就是共同富裕。而把"蛋糕"做大是实现共同富裕的先决条件。党的十八大以来,党和国家把逐步实现全体人民共同富裕摆在了一个更加突出的地位。没有全面小康,没有物质条件,共同富裕就成了建在沙滩上的高楼,没有牢固的根基。根据马克思的劳动价值论,把"蛋糕"做大,就是生产更多、质量更高、对社会有用的物质产品。它着重于实体经济,尤其是工业和农业。缙云县立足当地的实际情况,在生态工业、五彩农业、工业服务业"双轮驱动"战略的基础上,探索出一条有特色、可复制、能推广的先富带后富、高质量实现共同富裕的新路子。

一、县级探索共同富裕的实践基础

缙云县地处浙江省南部腹地、丽水地区东北部，东临仙居县，东南靠永嘉县，南连青田县，西接丽水市，西北界武义县，东北依磐安县，北与永康市毗邻，是浙江省内 26 个加快发展县之一。2011 年 12 月，缙云县部分乡镇行政区划调整，撤销五云镇建制，建立五云、新碧、仙都 3 个街道办事处，将新建镇的宅基村、马渡村划归新碧街道办事处管辖，全县设 7 个建制镇、8 个乡、3 个街道办事处。具体包括：壶镇镇、新建镇、舒洪镇、大洋镇、东方镇、东渡镇、大源镇、七里乡、前路乡、三溪乡、双溪口乡、溶江乡、胡源乡、方溪乡、石笕乡、五云街道办事处、新碧街道办事处、仙都街道办事处。地貌类型分中心、低山、丘陵、谷地四类，其中山地、丘陵约占全总面积的 80%，地势自东向西倾斜。作为山区 26 县之一，缙云县囿于地理位置因素，产业发展选择受限，人才引进难，地方财政压力大，与省内其他县（市、区）相比，发展较为滞后，但多年来，缙云县探索出了有代表性、有故乡情、有乡土味、有独特性、有价值链的"黄（烧饼、黄茶）、白（茭白、爽面）、红（杨梅）、黑（梅干菜）、灰（麻鸭）"的五彩乡愁富民产业，创成全市首个国家 5A 级旅游景区——仙都景区，发展培育出以机械装备、健康医疗、智能家电、短途交通为主四大主导产业，如锯床产业的龙头企业（浙江锯力煌工业科技股份有限公司）就在缙云，不仅带动了当地中小微锯床企业及配套上下游业务的蓬勃发展，也解决了地方居民的就业与收入问题。此外，省市级部门以及省内发达地区对山区 26 县在政策上与行动上给予大力支持，带动缙云县的经济发展水平不断提高，城乡居民收入差距逐渐降低至 2

以内,城镇化率不断提高,公共服务优质共享水平逐步提升,通过多年的发展积累,目前缙云县不仅工业基础扎实、农业特色突出,而且生态环境质量也保持较好,为争当山区高质量跨越式发展先行县持续努力奋进。

(一) 城乡居民收入水平及城镇化建设

群众生活水平的高低最主要体现在收入水平上,具体可以通过城乡居民人均可支配收入的变化、城乡居民收入倍差以及城镇化率的变化来反映一个地区群众生活水平是否提升。据官方最新统计数据显示(见表2-1),2010年缙云县城镇居民人均可支配收入为21275元,农村居民人均可支配收入为6678元,城乡收入倍差高达3.19,此时户籍人口城镇化率也仅为42.85%。但是到2021年,城镇和农村居民人均可支配收入分别为52264元和26422元,增长率分别达到125%和251%,与此同时,城镇化率提高至57.78%,城乡居民收入倍差缩小至2以内,为1.98。

表2-1 2010~2021年缙云县城乡居民人均可支配收入及城镇化情况

年份	城镇居民(元)	农村居民(元)	城乡居民收入倍差	城镇化率(%)
2010	21275	6678	3.19	42.85
2015	32266	14772	2.18	50.37
2018	41555	19571	2.12	55.04
2019	45586	21489	2.12	56.63
2020	47774	23466	2.04	56.82
2021	52264	26422	1.98	57.78
11年增长率(%)	125	251	-36.00	33.00

资料来源:《缙云统计年鉴(2021)》。

如图2-1所示，经过多年的努力发展，缙云县城乡居民生活水平都有所提升，其中农村居民提升的幅度更为明显一些，而农村居民最主要的收入依赖于农业收入。据统计，2020年缙云县烧饼、茭白、爽面、杨梅、黄茶和菜干分别实现产值24亿元、4.5亿元、2.2亿元、1.3亿元、0.945亿元和0.6亿元，为农民增收致富打下坚实的基础。此外，着力构建全域旅游推进机制，累计创成省级美丽乡村示范乡镇8个、省级特色精品村19个、美丽风景线11条，建成休闲农业观光区（点）超万亩；乡村旅游风生水起，打造了笕川村彩色水稻、东方胪膛创意稻田、仙都景区花园畲花海等一批美丽田园，形成仁岸、陇东、笕川、雅宅、岩门等一大批景区村，兼具可赏、可游、可玩、可住功能，2021年全县休闲观光和乡村旅游累计接待游客598.3万人次、实现总收入7.26亿元。2021年全县总收入20万元且经营性收入10万元以上村241个，占行政村总村数的95.26%。推进共同富裕必须缩小城乡差距，而解决城乡问题的关键在农村，因此，只有提高农村居民人均可支配收入、城镇化率，缩小城乡居民收入倍差，才能推动共富之路，经过多年的共富探索，缙云县的农业基础扎实，特色农产品突出，

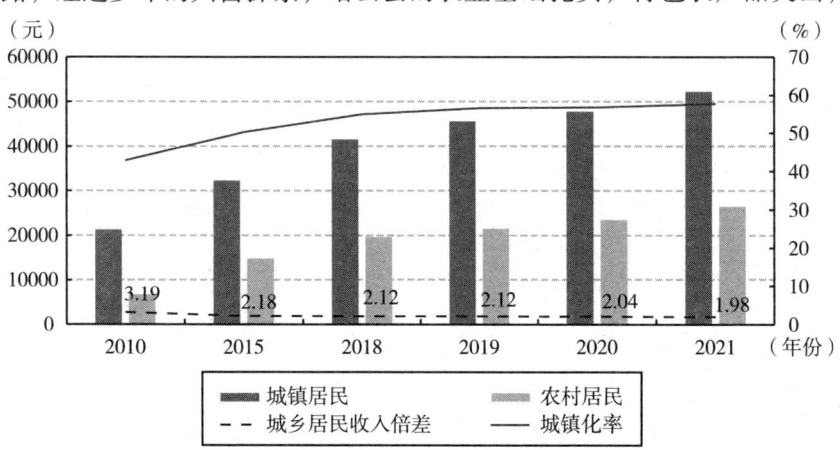

图2-1　2010~2021年缙云县城乡居民收入差距变化趋势

资料来源：《缙云统计年鉴（2021）》。

农民增收渠道多，较多成功经验值得推广。

（二）公共服务优质共享供给水平

2021年《浙江省公共服务"十四五"规划》提出，将全力推进基本公共服务优质共享，全面深化公共服务数字化改革，率先实现基本公共服务均等化，成功打造全省高质量发展建设共同富裕示范区的重要成果，并对标国家"十四五"公共服务标准，结合地方实际，调整主要指标的发展目标规划。农村一直是基本公共服务供给的薄弱环节，受制于自然条件和历史因素等多方面制约，农村地区经济发展、财力保障不充分，加上农村地区公共服务半径大、单位服务成本高，难以有效吸引社会资本的投入，造成农村公共服务供给的严重不足。优质的教育、医疗卫生和养老服务资源主要集中在城镇地区，农村居民在资源的获取和享有等方面存在较大短板。基本公共服务中的教育、医疗卫生、科技、文化四个方面与民生相关性较大、群众感受度较高，最能凸显一个地区的公共服务供给水平，因此本章选取以上四个方面相关数据进行分析，如表2-2所示。其中，在教育方面，2001年缙云县的特殊教育基础几乎为0，10年时间通过不断加大投入建设力度，到2020年已有110名孩子可以在校接受特殊教育；小学教师每人平均负担学生数和每年输送高校的新生数分别从2010年的20人降至16人、从2823人提至2941人，仅仅10年时间，缙云县整体教育水平取得了较为明显的提升。此外，在医疗卫生方面，卫生机构数、每千人口床位数和每千人口技术人员从2010年到2020年，分别增长138个、1.31张和2.38人，其中卫生机构数在2010年至2015年间增速最快，但在2019年时数量突然减少87个，这与当时的医疗政策变革有关，可以看出虽然10年间卫生机构数量增加较多，但医疗机构人员的增速却较为缓慢,床位供给变化幅度也不大。

表2-2　　　　　缙云县教育和医疗卫生服务发展情况

年份	教育			医疗卫生		
	小学教师每人平均负担学生数（个）	特殊教育在校生数（人）	输送高校新生（人）	卫生机构数（个）	每千人口床位数（张）	每千人口卫生技术人员（人）
2010	19.50	—	2823	154	3.90	4.40
2015	20.83	68	2589	378	4.73	5.84
2019	17.06	103	3055	291	5.10	6.55
2020	16.45	110	2941	292	5.21	6.78
10年增长数	-3.05	110	118	138	1.31	2.38

资料来源:《缙云统计年鉴(2021)》。

科技作为核心发展力量,尤其是在数字化建设加速进程中,其重要程度不言而喻。从表2-3可以看出,缙云县的财政科技支出10年时间翻了两番多,2020年共计14200万元,与此同时取得的科技创新成果也有所增加,专利申请数和专利授权数从2010年的262件和239件,分别提升至2020年的3043件和1823件,其中专利申请数增加的幅度较大,约为10年前的11倍,可见这些年企业、高校及科研机构对科技创新的重视程度与积极性也是逐年攀升,才能取得如此丰硕的成绩。在文化方面,基础文化机构和工作人员分别从2010年的19个、76人提高至2020年的21个、87人,此外公共图书馆总藏书翻了一番,2020年全县公共图书馆总藏书约为53.57万册,文化供给水平明显有所上升。

表2-3　　　　　缙云县科技创新和文化事业发展情况

年份	科技			文化		
	专利申请数（件）	专利授权数（件）	财政科技支出（万元）	文化机构数（个）	文化机构工作人员合计（人）	公共图书馆总藏书（万册）
2010	262	239	2771	19	76	16.10
2015	876	697	4404	21	107	33.90

续表

年份	科技			文化		
	专利申请数（件）	专利授权数（件）	财政科技支出（万元）	文化机构数（个）	文化机构工作人员合计（人）	公共图书馆总藏书（万册）
2018	2434	1329	7493	21	95	40.00
2019	1978	1273	15191	21	78	45.26
2020	3043	1823	14200	21	87	53.57
10年增长倍数	11.61	7.63	5.12	1.11	1.14	3.33

资料来源：《缙云统计年鉴（2021）》。

为了优化完善公共服务，切实把群众"盼的事"变成政府"干的事"，努力提供高质量公共服务，缙云县的教育、医疗、科技和文化实力在近十年都取得了较为明显的提升。其中教育较为突出，2021年缙云中学清北录取5人，浙大录取63人，"C9+2"高校录取84人，"985"院校录取125人，均创历史新高；仙都中学浙大录取1人，"双一流"高校录取2人，实现C9高校录取零突破；壶镇中学省重点建设高校录取人数增长23%，2人被国家211院校录取；职高学校单考单招上线人数480人，上线率达到100%，远超全省平均水平；初中教学质量持续向好，中考优秀率、关注率、合格率、平均分较去年位次均有提升，小学各学科成绩继续领跑全市。缙云县教学质量在全市乃至全省都获得一致认可，各阶段教育工作推进稳中有序。此外，科技方面发展较为迅速，其他方面虽有进步但还有较大的提升空间，因此推进缙云县的公共服务均等化及全生命周期优质共享还需进一步努力。

（三）人民基本生活保障和居住环境情况

为人民群众的基本生活提供安稳保障，让人民群众的生活幸福感不断提升，是共同富裕的重要组成部分。在众多统计指标中，城乡居民基本医疗保险参保率、群众安全感满意度、恩格尔系数以及居住环境的空气质量等在很大程度上都能够体现一个地区的居民生活安稳与否、舒适与否、幸福与否。从表2-4可以看出，2010年城乡居民基本医疗保险参保率为92.23%，2020年提升至99.59%，几乎全民覆盖，解决群众看病就医问题在较大程度上为人民基本生活提供了安稳保障。缙云县的空气质量一直居全市乃至全国前列，2015年空气质量达到及好于二级的比例为88.2%，自2019年以后每年都达到了100%，可见环境治理成效显著，并且群众满意度10年来都高于95%。这些都反映出缙云县的居民生活幸福指数较高，一是政府治理能力强，二是生活环境质量优。此外，缙云县城镇居民的恩格尔系数10年以来都低于30%，农村居民的恩格尔系数稍高一点，但2019年与2020年也都不超过30%，根据联合国粮农组织提出的标准，恩格尔系数在59%以上为贫困，50%~59%为温饱，40%~50%为小康，30%~40%为富裕，低于30%为最富裕，可见缙云县的居民生活水平处于富裕标准及以上。

表2-4　　　　缙云县人民基本生活保障及居住环境情况

| 年份 | 城乡居民基本医疗保险参保率（%） | 群众安全感满意度（%） | 全体居民恩格尔系数 | | 空气质量达到及好于二级的比例（%） |
			城镇	农村	
2010	92.23	97.14	0.27	0.33	—
2015	97.20	95.56	0.29	0.31	88.2
2018	—	—	—	—	98.9
2019	99.44	98.36	0.29	0.30	100.0
2020	99.59	97.34	0.29	0.29	100.0

资料来源：《缙云统计年鉴（2021）》。

总体来说，缙云县的城乡居民收入水平提升较快，城镇化率建设进程有序推进，城乡差距也在进一步逐渐缩小，虽然与全省1.94相比还有一定差距，但是已经在原有基础上取得较大成绩。教育、医疗、科技、文化等公共服务供给水平近10年取得较大提升，尤其体现在教育、科技方面，教学质量得到认可，科技支出与成果增速迅猛，这与当前的发展形势较为契合，科技在全世界都是核心竞争力，未来对教育、科技的重视程度只会增加不会减少。但是医疗、文化等方面增长幅度较为缓慢，尤其是优质医疗资源的稀缺与供给不足的问题必须引起重视，即便不受新冠肺炎疫情影响，医疗资源一直以来也都是处于供不应求的状态，疫情影响资源需求缺口进一步扩大，因此未来仍需加大医疗方面的投入建设力度。缙云县虽是山区26县之一，经济发展水平和公共服务供给水平在全省较为偏后，但居民生活保障上较为安稳，居住环境较为舒适，人民群众生活幸福感较高。

二、县级主要发展指标比较分析

推动山区26县跨越式发展，是浙江省共同富裕示范区建设的重要任务。山区26县发展实绩考核是省委、省政府为全面激发山区26县发展活力、创新力和竞争力，加快推进山区26县高质量发展，同步推动山区人民走向共同富裕的重大举措。考核主要围绕经济发展、创新提升、绿色生态、社会民生、重大决策落实和工作奖惩六方面开展。山区26县名单中共涉及6个市，其中丽水市共9个约占总数的1/3，除莲都区和龙泉市外，其他7个均为县，景宁县因其是少数民族聚居地，已被列为省级五个"一县一策"研究对象之一。近年来，在习近平新时代中国特色社会主义思想的科学指引下，在省、市各级党委、政府及相关部门的关心支持下，缙云县委、县政府模范厉行"丽水之干"，奋力推进"三城三地"建设，真抓实干、奋勇争先，全面实施生态工业倍增行动和乡村振兴战略，不断巩固高质量发展态势，助力共同富裕美好社会建设。本部分根据最新、最完整统计数据，对缙云县的经济发展水平、群众生活水平、财政收支中公共服务供给水平等主要发展指标与所在省（浙江）、市（丽水）及山区26县进行比较，深入了解并把握缙云县在山区26县中的发展情况、与省市之间的比较，能够更加清晰地明确缙云县的发展目标与方向。

（一）缙云县在山区26县中主要发展指标的比较研究

1. 经济发展水平比较分析

社会发展的核心是以人为本，消费、投资等这些与经济发展密切相关的指标都离不开个体，如果一个地区长期保持人口流入，则表明该地区有较好的发展潜力。如表2-5所示，2021年，缙云县常住人口40.62万人，同比增长0.22个百分点，在山区26县排名第12位；社会消费品零售总额117.8亿元，低于山区26县平均水平（121.45亿元），约占全市（822.87亿元）的14.32%，同比上升11.7%，在山区26县中绝对值排名第19位，较为落后，增速排名第10位；固定资产投资比上年增长16.4%，增速在山区26县中排名第8位；规上工业增加值达到69.5亿元，比上年增长21.7%，增速在山区26县中排名第2位，绝对值排名第11位，高出山区26县平均水平（59.06亿元）约15%；地区生产总值为273.9亿元，同比增长9.9%，在山区26县中排名第12位，增速排名第3位，高出山区26县平均水平（267.83亿元）6.07亿元；人均GDP为6.76万元，排名全市第5位，在山区26县中排名第15位，低于市平均水平6.81万元，与市内最高水平的莲都区（8.05万元）相差1.24万元，约占全省平均水平（11.30万元）的60.25%。山区26县平均水平达到全省的61.06%，与2019年（60.2%）相比上升了0.86个百分点，但是按跨越式高质量发展要求，2025年山区26县人均GDP达到全省平均的66%以上，才能实现人均

GDP 接近或超过全国平均水平，当前距离这个目标还差 4.94%。通过主要经济指标比较发现，缙云县的地区生产总值、人均 GDP、规上工业增加值基本处于山区 26 县中间位置，其中人均 GDP 增速较快但仍低于山区 26 县平均水平；固定资产投资增幅在山区 26 县中较高；社会消费品零售总额在山区 26 县中排名较为靠后。"十四五"开局之年缙云县在很多方面已经取得明显进步，但仍需加快发展的步伐，争取人均 GDP 占比尽快超过全省平均水平的 66%，从而超过全国平均水平，社会消费品零售总额超过山区 26 县平均水平，整体经济发展水平再提升。

表 2-5   2021 年缙云县与山区 26 县经济发展主要指标比较

指标	2021 年	同比增长（%）	山区 26 县排名	山区 26 县平均	浙江省
常住人口（万人）	40.62	0.22	12	—	—
地区生产总值（亿元）	273.90	9.90	12	267.83	73516
人均 GDP（万元）	6.76	12.15	15	6.90	11.30
社会消费品零售总额（亿元）	117.80	11.70	19	121.45	29211
固定资产投资增幅（%）	—	16.40	8	—	—
规上工业增加值（亿元）	69.50	21.70	11	59.06	20248

资料来源：《缙云统计年鉴（2021）》及 2021 年浙江省山区 26 县国民经济和社会发展统计公报。

2. 群众生活水平比较分析

提高收入分配的公平程度是共同富裕的目标之一，一直以来也十分受广大群体关注，而城乡收入差距与群众生活最为密切相关。如表 2-6 和表 2-7 所示，2021 年缙云县常住人口城镇化率为 57.78%，比山区 26 县平均水平（58.77%）稍低一点，同比增长 1 个百分点。根据山区 26 县最新发展目标要求，到 2025 年，随着山区城市能级的提升，常住人口城镇化率与全省平均水平（75%）的差距力争缩小到10个百分点以内，当前距离这个目标还差17.22%，还有一定距离。2021年缙云县全体居民人均可支配收入为39927元，同比增长11.9%，低于山区26县平均水平（40154.5元），在山区26县中绝对值排名第14位，增速排名第8位。其中，城镇居民人均可支配收入为52264元，同比增长9.4%，约为全市平均水平的98.13%，市内排名第4位，为全省平均水平（68487元）的76.31%；农村居民人均可支配收入为26422元，同比增长12.6%，超过全市平均水平，与排名第一的青田县相差4086元，约为全省平均水平（35247元）的74.96%；城乡居民人均可支配收入倍差降至2以内，为1.98，缩小幅度在全市排名第一，高于山区26县平均水平（1.92），在山区26县中排名第17位，超过全市平均水平，居于全市第5位，高出全省平均水平（1.94）约2.06%。莲都区的城乡收入倍差为1.53，居山区26县首位，缙云县与之相差0.45，可以看出缙云县的城乡收入虽然有所增长，但是与省平均水平、山区26县其他地区相比，差距还是较为明显。

表2-6　　2021年缙云县与山区26县群众生活主要指标比较

指标	2021年	同比增长（%）	山区26县排名	山区26县平均	浙江省
全体居民人均可支配收入（元）	39927	11.9	14	40155	57541
城镇居民人均可支配收入（元）	52264	9.4	12	51420	68487
农村居民人均可支配收入（元）	26422	12.6	14	26746	35247
城乡居民人均可支配收入倍差	1.98	-2.90	17	1.92	1.94
常住人口城镇化率（%）	57.78	1.0	12	58.77	72.70

资料来源：《缙云统计年鉴（2021）》及2021年浙江省山区26县国民经济和社会发展统计公报。

表 2-7　2021 年丽水市各县（市、区）发展情况比较

地区	城镇常住居民人均可支配收入（元）	农村常住居民人均可支配收入（元）	城乡居民人均收入倍差	人均生产总值（元）	一般公共预算收入（亿元）	一般公共预算支出（亿元）
莲都区	51669	33766	1.53	80484	63.67	138.77
龙泉市	54915	28380	1.93	64962	10.47	52.15
缙云县	52264	26422	1.98	67553	20.00	66.80
景宁县	45574	24069	1.89	72677	13.69	47.52
云和县	51103	24555	2.08	76017	8.79	34.53
遂昌县	55720	25091	2.22	78663	13.04	48.72
松阳县	47041	23405	2.01	62967	8.93	49.65
庆元县	47034	22563	2.08	59555	5.36	38.52
青田县	54651	30508	1.79	53580	20.02	69.03
全市	53259	26386	2.02	68101	163.97	545.69
26 县	51420	26746	1.92	69000	—	—
全省	68487	35247	1.94	113032	751.14	1001.53

注：山区 26 县人均 GDP 因不同地区公布的数据统计口径有异，待官方数据统一公布之前仅作为估值使用。

资料来源：《2021 年丽水市国民经济和社会发展统计公报》。

《关于浙江省山区 26 县跨越式高质量发展实施方案（2021—2025 年）》提出，"十四五"时期，按照居民收入与 GDP 增长同步要求，全省增速以 5.5%（可比价）测算，并且根据衢州、丽水以及其他山区县提出的"十四五"GDP 增速，山区 26 县增速以 7.3%（可比价）测算，预计到 2025 年山区 26 县城镇居民人均可支配收入（69136 元）为全省平均的（82982 元）的 83%，预计到 2025 年山区 26 县农村居民人均可支配收入（3665 元）为全省平均的（42861 元）的 85%。当前山区 26 县

城镇居民人均可支配收入（51420元）为全省平均（68487元）的75%，距离目标还差8%；农村居民人均可支配收入（26746元）为全省平均（35247元）的76%，距离目标还差9%。缩小城乡差距是实现共同富裕的必然要求，因此必须进一步提高农村居民收入缩小差距才能推动共富的实现。

3. 财政收支情况及公共服务供给水平分析

地方公共服务供给主要由政府来承担，供给能力水平的高低与地方财力及支出比重密切相关，因此为深入了解缙云县的地方财力和公共服务供给能力，选取2020年财政总收入、一般公共预算收入、一般公共预算支出、一般公共服务支出和教育事业费五个统计指标数据来分析（见表2-8）。2020年缙云县的财政总收入为27.59亿元，比上年增长6.16%，低于山区26县平均水平（30.33亿元）；2020年一般公共预算收入为17.25亿元，比上年增长3.60%，低于山区26县平均水平（18.61亿元）；2020年一般公共预算支出65.67亿元，比上年增长4.29%，超出山区26县平均水平（6.11%）。其中，在一般公共预算支出中，2020年一般公共服务支出为5.56亿元，同比增长6.72%，占一般公共预算支出比重8.47%，山区26县平均水平为6.93亿元，高出缙云县1.37亿元；2020年教育事业费12.69亿元，同比增长7.36%，高于山区26县平均水平（10.33亿元），占一般公共预算的比重为19.32%。2021年是"十四五"开局之年，按年末常住人口计算2021年人均公共预算收入为4923.68亿元，缙云县位列山区26县第14位，低于山区26县平均水平（5774.56亿元），仅为全省平均水平（12633.9亿元）的38.97%。在"十三五"期末，缙云县财政收入水平整体低于山区26县平均水平，但是财政支出水平却高于山区26县平均水平。教育是立国之本，对于一个县来说，更是"立县之本"，通过比较可以看出，缙云县的教育事业费支出不仅占比较高，而且排名靠前，相比之下一般公共服务支出比重偏低。

表 2-8　缙云县在山区 26 县中财政收支及公共服务供给主要指标比较

指标	2020 年（亿元）	同比增长（%）	山区 26 县排名	山区 26 县合计（亿元）	山区 26 县平均（亿元）
财政总收入	27.59	6.16	13	788.50	30.33
一般公共预算收入	17.25	3.60	13	483.95	18.61
一般公共预算支出	65.57	4.29	9	1609.20	61.89
一般公共服务支出	5.56	6.72	15	180.11	6.93
教育事业费	12.69	7.36	6	269.00	10.35

资料来源：《缙云统计年鉴（2021）》及 2021 年浙江省山区 26 县国民经济和社会发展统计公报。

表 2-9 和图 2-2 所示，近年来，缙云县 R&D 经费连续三年保持 30% 以上增长，2019 年全社会 R&D 投入占 GDP 比重为 1.92%，在山区 26 县中排名第 6 位，同比增长 0.05%，其中武义县支出比重最高，占 GDP 比重为 2.54%，是缙云县的 1.3 倍，2020 年上升至 2.7%，同比上升 6.3%。高新技术产业值也是连年攀升，从 2019 年的 47.46% 提高至 2021 年的 69.19%，其中，2020 年高新技术产业增加值占比 54.1%，居山区 26 县第 9 位，占比同比增长 5.3%。

表 2-9　缙云县在山区 26 县中科技发展主要指标比较

指标	2019 年	2020 年	2021 年	在山区 26 县中排名
全社会 R&D 投入占 GDP 比重（%）	1.92	2.7	2.90	6（2019 年）
高新技术产业增加值占比（%）	47.46	54.1	69.19	9（2020 年）

注：2021 年全社会 R&D 投入占 GDP 比重为估值，非官方统计数据。

资料来源：相关年份的《缙云统计年鉴》及 2020~2021 年浙江省山区 26 县 2021 年国民经济和社会发展统计公报。

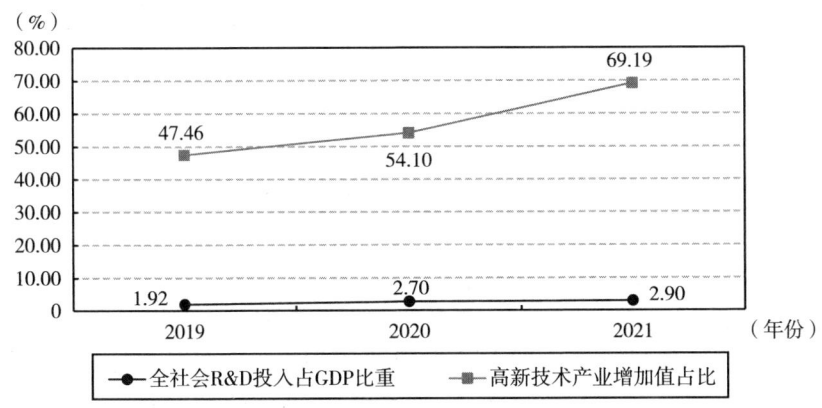

图 2-2　2019~2021 年缙云县科技发展相关指标变化趋势

资料来源：《缙云统计年鉴（2021）》及 2020~2021 年浙江省山区 26 县国民经济和社会发展统计公报。

（二）26 县总体发展指标情况分析

通过上述分析比较可以发现，缙云县的整体发展水平在山区 26 县当中处于一个中间范围，但也有部分指标较高，极少部分偏低，下面具体从高于山区 26 县平均水平、低于山区 26 县水平、山区 26 县排名前十位这三个角度对指标情况进行汇总。

1. 高于山区 26 县平均水平

经济发展相关指标中，地区生产总值和规上工业增加值分别超过山区 26 县平均水平的 2.27% 和 17.68%；群众生活相关指标中，城镇居民人均可支配收入超过山区 26 县平均水平的 1.64%；财政收支及公共服务供给相关指标中，一般公共预算支出和教育事业费分别超过山区 26 县平均水平的 5.95% 和 22.61%。

2. 低于山区 26 县平均水平

经济发展相关指标中，人均 GDP 和社会消费品零售总额都低于山区 26 县平均水平，分别相差 0.14 亿元和 3.65 亿元；群众生活相关指标中，全体居民人均可支配收入、农村居民人均可支配收入、城乡居民人均收入倍差和城镇化率都低于山区 26 县平均水平，其中，全体居民人均可支配收入相差 228 元，农村居民人均可支配收入相差 54 元，城乡居民人均可支配收入倍差相差 0.02，城镇化率相差 1 个百分点；财政收支及公共服务供给相关指标中，财政总收入、一般公共预算收入和一般公共服务支出都低于山区 26 县平均水平，其中，财政总收入相差 2.74 亿元，一般公共预算收入相差 1.36 亿元，一般公共服务支出相差 1.37 亿元。

3. 山区 26 县中排名前十位

上述指标分析结果中，与经济发展相关的固定资产投资增幅指标位列山区 26 县第 8 位，增幅达到 16.4%；与群众生活相关的指标没有进入前十位；与财政收支及公共服务供给相关的指标中，一般公共预算支出和教育事业费分别位列山区 26 县第 9 位和第 6 位；与科技发展相关的指标都进入山区 26 县前十名，其中 2019 年的全社会 R&D 投入占 GDP 比重在山区 26 县中排名第 6 位，2020 年的高新技术产业增加值占比在山区 26 县中排名第 9 位。

总体来说，缙云县的发展水平与山区 26 县平均水平相比，超过的指标不算特别多，但是一般公共预算支出、教育事业费和科技研发支出相关指标不仅超过平均水平，而且在山区 26 县中排名也都比较靠前，这也是缙云县重视教育、科技的成绩。与此同时也必须注意到，仍有许多指标低于山区 26 县平均水平，如人均 GDP、财政总收入、一般公共服务支出等与经济社会发展密切相关的核心指标，缙云县应争取尽快达到并超过山区 26 县平均水平，争当山区 26 县中的跨越式高质量加快发展县。

三、县级实现共同富裕的实践成效

经过改革开放 40 多年的发展,缙云经济社会发展迅速,是山区加快发展县中的典型代表。如表 2-10 所示,2021 年缙云县实现地区生产总值 273.93 亿元,同比增长 9.9%。分产业看,第一产业增加值 12.56 亿元,同比增长 3.1%;第二产业增加值 125.67 亿元,同比增长 12.5%;第三产业增加值 135.69 亿元,同比增长 8.3%。人均地区生产总值为 67553 元,同比增长 9.2%。

表 2-10　　　　缙云县地区生产总值及产业构成情况　　　　单位:亿元

年份	全县地区生产总值	第一产业总值	第二产业总值	第三产业总值
2000	21.27	4.47	8.67	8.13
2005	52.79	5.53	29.15	18.11
2010	102.49	6.68	61.23	34.58
2015	161.99	9.53	82.96	69.50
2019	231.35	11.36	104.46	115.53
2020	243.43	12.04	106.70	124.69
2021	273.92	12.56	125.67	135.69
2021 年增长率(%)	9.90	3.10	12.50	8.30

资料来源:历年《缙云统计年鉴》及 2021 年浙江省山区 26 县国民经济和社会发展统计公报。

2021 年缙云县全年实现财政总收入 32.21 亿元,比上年增长 16.7%,其中,一般公共预算收入 20.00 亿元,增长 15.9%;一般公共预算支出 66.80 亿元,增长 1.7%。全年新增城镇就业 4865 人,失业人员再就业 633 人,年末城镇登记失业率为 1.25%,比上年低 0.01 个百分点。2021 年全体常住居民人均可支配收入为 39927 元,同比增长 11.9%。其中,城镇常住居民人均可支配收入为 52264 元,同比增长

9.4%；农村常住居民人均可支配收入为 26422 元，同比增长 12.6%。

（一）工业基础稳固，为共同富裕建设打下基础

稳定工业，一方面能够缓解转型时期面临的经济减速，保障总体经济的持续增长；另一方面有利于稳定和扩大就业，壮大中等收入群体，防止收入差距扩大。建立强大的工业，将为一个地区实现共同富裕提供重要的物质保障，同时也是缩小贫富差距的关键。与浙江各地一样，缙云县的工业也是从制造业起步，以民营经济、实体经济见长，这正是富民奥秘所在。

缙云县的工业发展是建立在其历史悠久的工业基础上的，产业领域广泛，产业结构具有"小而全"的特点。缙云县坚持"工业强县"战略，全力实施"挺脊行动"，大力推进建设"制造之城"。全县规上工业增加值从 2018 年的 37.3 亿元提高到了 2021 年的 69.5 亿元，规上工业总产值从 2018 年的 187.8 亿元提升至 2021 年的 382.5 亿元，两项指标均居丽水市第一。缙云的外贸出口也是一枝独秀，2021 年实现外贸出口 115.2 亿元，同比增长 49.5%，连续 4 年保持较快的发展速度，是全市首个突破百亿元的县，总量占全市的 40%，全市出口前十名企业中，前七名均是缙云企业。

1. 工业基础扎实，主导产业突出

缙云县以发展优势主导产业为重点，现有工业企业 3000 多家，其中以机械装备、健康医疗、智能家电、短途交通为主。2021 年，四大主导产业累计完成规上产值 323.7 亿元，在全县规上工业产值比重中占 84.6%，其中机械装备产业实现规上产值 183.2 亿元，成为全省山区 26 县中 8 个百亿产业中的一个。缙云不仅被列入第三批"浙江制

造"品牌培育试点县,更成功入选"中国创新百强县"。

在机械装备领域,浙江省缙云县浙锯床和特色机械装备产业创新服务综合体是国内规模最大的锯床生产基地。截至2021年底,缙云锯床的市场占有率以达到70%以上。特别是零配件及配套耗材中的锯片,全国占有率在90%以上。作为全国最大的锯床生产基地,缙云对锯床和特色机械装备产业的扶持可谓不遗余力,以壶镇为核心,成功辐射了六个乡镇,吸引了一万多名从业人员,形成了以整体装备为核心、高端零部件为配套、一体化解决方案为发展方向的全链条产业体系。晨龙锯床是我国锯切行业的领军企业,其产品遍布全国各地,中联重科、三一重工、高铁航天等核心产业均有其产品。2020年在疫情的影响下,晨龙锯床依然实现了40%的增长。

缙云县的部分主导制造企业主要从事对外贸易,其收入主要来源于境外,他们的产品大部分出口到美国、欧洲、非洲及东亚。截至2021年底,全县共有227家外贸企业,其中有20家出口额超过1亿元。短途交通产业出口表现强劲,金棒运动、华洋赛车、嘉宏运动三大企业的出口额同比增长均超过100%;政策性信用保险的覆盖面不断扩大,出口企业的渗透率达到54%,位居丽水市首位;"外贸赋能,跑出共同富裕'加速度'"经验模式列入浙江省商务领域共同富裕第二批试点。

丽缙园、经济开发区两大"万亩千亿"高能级产业平台是缙云发展生态工业的主平台,是科技创新的主战场、产业转型升级的主阵地。丽缙园以"生态集约、产城融合"为特色,以"科技引领、创新驱动"为基本要求,大力发展高端装备制造业及电子精密仪器制造业,适当发展新材料、新能源和新一代信息技术等战略性新兴产业;同时,结合本地的传统产业改造提升,形成了"2+X"产业结构。缙云经济开发区也已形成了健康医疗、现代装备、智能家居等产业体系,具有较强的市场竞争力和科技创新能力。

2. 注重创新研发，提升企业竞争力

（1）聚焦产业转型升级。缙云大力实施创新驱动战略，坚持把转型升级作为生态工业发展的必由之路，突出省级财政扶持，争取到省补资金5700万元；加快实施省级机床产业智能化技术改造试点，2021年全年补助试点资金590.2万元；金马逊公司入选省产业链急用先行项目，金棒运动入选省智能工厂（数字化）车间，全年实施了86个"机器换人"项目，新增了67台推广工业机器人，4个项目入选省"五个一批"重点技术改造示范项目。加快推进工业节能和绿色制造试点，天喜厨电与君鸿机械分别被列为国家级绿色工厂与省级节水型企业。缙云县精准抓好"小升规""雏鹰""小巨人"等企业培育工作，先后有22家缙云企业入选省"小升规"培育库，3家入选省"放水养鱼"行动计划培育库，锯力煌被列为第三批国家专精特新"小巨人"企业；畅尔智能、金马逊在两年内先后获省科技进步一等奖；臻泰能源获中国创业创新大赛一等奖，获评省领军型创新创业团队。金马逊主导的浙江省航空航天金属导管塑性成形技术与装备重点实验室，创新指数跃至全省第36名，26个加快发展县第一。50%的规上企业完成云MES系统更新；与上年相比，新增专利授权639件，同比增长91.3%。新增14家国家高新技术企业，20家省科技型中小企业，2家省级研发中心，欧凯车业成功入选省级企业研究院，金马逊机械入选浙江省重点实验室，实现缙云县省级重点实验室零的突破。

缙云的生态工业从"低散乱"向"高精尖"转变，在创新的驱动下，不断迭代更新，实现了新的跨越和突破。截至2021年底，规上覆盖率达到50%；规上企业人均税收从2018年的12.9万元提升至2021年的23.8万元。

(2) 推动产业数字赋能。缙云着力发展数字化、智能化制造,重点开展了6项省级以上试点,包括金属制品业改造提升、工业节能与绿色制造、机床产业智能化技术改造等,全力推进传统制造业转型升级,鼓励引导企业加快智能装备研发应用,深入推动产业数智赋能。以数字化变革为引领,召开全县制造业数字化改革现场会,大力推进企业数字化转型,全年与121家企业签订MES改造合同,富冈机床获评创建省级工业互联网平台,天喜厨电入围省级新一代信息技术与制造业融合发展试点示范企业,晨龙锯床成为浙江省第一批云上企业,数字经济核心产业增加值连续四年全市第一,数字经济发展指数居丽水市第一。2017~2021年,缙云共实施551个"机器换人"项目,推广应用工业机器人290台,完成22个"两化"深度融合国家示范区建设项目验收,1050家上云企业,规上企业数字化覆盖率达50%,规上制造业数字经济核心产业增加值连续4年位居丽水市第一。

(3) 积极引进高级人才。人才是一个地区的生命力。创新需要人才,发展需要人才。在"两山"理念的引领下,高质量绿色发展道路上,人才是最重要的生产力。缙云县推出了前所未有的"1+3"人才新政,引进国家海外引才计划2人,入选省高层次特殊支持计划2人、市"绿谷精英"17人,招引高校毕业生6000余人。人才新政不仅涵盖高、精、尖的顶级人才,还涵盖了公司急需的技能人才、经营管理人才和青年人才;不仅在物质上给予奖励,更有尊重人才、服务人才的具体举措。人才专项奖励、人才荣誉奖励、人才项目资助等一系列举措对缙云县引才聚才留才都起到了积极的作用。

在过去的三十年里,我国航空航天高端导管加工设备基本上都是依靠进口。针对这种情况,浙江金马逊机械有限公司自成立之初,就一直致力于航空航天高端导管加工设备的研究,建立了国家级博士后科研工作站、省工程技术等研发平台,并与中航工业,航天科技集团等相关单位开展课题联合研究等活动。自2003年以来，经过19年的磨砺、研究和创新，中国的航空航天导管制造领域终于实现了国产化，尤其是由浙江金马逊机械有限公司开发的导管智能加工系统，是目前航空航天领域首条完全"智能化"的导管加工生产线。金马逊在2013年5月就开始了省级博士后的试点工作。同年，成功引进浙江工业大学蒋兰芳博士成立课题项目小组，小组配备2名具有高级工程师资格的硕士生导师，以及8名公司骨干技术员，攻关课题为"金属管件塑性成型机理及优化方法研究"，综合了管件弯曲成型涉及的多方面技术，在针对大径厚比、薄壁不锈钢管件弯曲成型时容易出现塌陷、拉裂、起皱等问题，以及在芯棒建模方法、芯球曲线形状等方面独具创新。

金马逊于2015年建成为国家级博士后科研工作站。2016年成立缙云县第一个重点实验室，也是丽水市唯一一个由企业牵头的重点实验室。金马逊公司的研发人员约占总人数的1/4。金马逊建立省级（优秀）研发中心，与浙江工业大学、杭州电子科技大学建立了长期的产学研合作共建关系，在美国克利夫兰、德国汉堡设立境外研发机构；拥有专业研发人员36人，形成各专业领域交叉结构，有效提升了技术研发创新能力；金马逊自主研发的325型数控弯管机是世界上最大规格的缠绕式数控弯管机，多轴伺服驱动数控弯管机技术已经进入世界前5强；突破5项国际共性技术，承担11项国家、行业标准主要起草工作，整体技术实力在世界上处于领先地位。

坐落于浙江省丽水市缙云县壶镇的浙江晨龙锯床集团有限公司，同样十分重视人才、技术、管理和设备上的创新。晨龙锯床在杭州余杭梦想小镇设立了研发中心，并将自己的研究成果通过其研发团队向晨龙锯床输送。在技术上，晨龙锯床实现了焊接、加工、装配和设计四大技术突破，实现了全方位迭代升级。在管理上，晨龙锯床与多所杭州高校，如浙江大学、浙江工业大学、杭州电子科技大学等合作，其不仅注重高校输送的人才，更加注重他们的理念和管理等。在此过程中，缙云县政府给予积极支持，在杭州富阳租用大楼，设立人才飞地，也在上海设立产业飞地。在设备上，晨龙锯床也深刻认识到其对于机床行业的重要性，在这方面投入了近4000万元，以达到精度要求，做好产品，提升竞争力。窥一斑而知全豹，晨龙以研发、创新为核心，不断摸索前进的道路，如今晨龙锯床有限公司能成长为国内最大智能锯切装备生产企业也不无道理。

3. 政府服务至上，营商环境好

优化营商环境是激发市场主体活力的关键，也是在当前疫情防控常态化形势下，面对严峻复杂形势，促进经济稳步提升的一项重要措施。缙云以改革为先导，充分发挥体制和机制优势，用改革创新精神冲破思维桎梏，创造更好的办事环境。同时缙云在数字化改革上取得了突破，整合智慧公共数据平台建成了数据仓库，并全面推进"大综合一体化"行政执法改革。缙云县主要通过聚焦政策供给、聚焦精准服务、聚焦金融支持、聚焦公共服务加大对工业发展的支持力度。

（1）聚焦政策供给。缙云坚持"工业是第一经济"的理念，相继出台《关于稳企业加快推进制造业高质量绿色发展的若干意见》等政策，积极引导、大力推动缙云健康医疗、智能家居、现代装备等特色产业发展，并以"3+X"的生态工业体系为依托，实现跨越发展。2020年，缙云本着"再难不能难企业，再减不能减工业"的原则，全县系统集成、快速落实各级惠企政策，继续推进"五减"共克时艰行动。先后出台工业、科技、金融等扶工政策，对符合条件的企业、项目实行即时兑现和免审即享的政策，并全面落实了省、市、县有关降本减负的政策。持续修订和完善生态工业扶持政策，全年兑现工业政策奖励6193.2万元，累计为企业减轻成本与负担19.2亿元。

缙云持续加强制造优势，营造合力兴工的环境，努力建设"万亩千亿"生态共业平台，为发展生态工业奠定坚实的基础。缙云县主要有缙云经济开发区和丽缙园两大生态工业发展主平台，两园区不断推进发展空间的整合与拓展，共计规划53.95平方公里，拟拓展12个新区块共17500亩。

2021年，缙云设立了10个招商分局、5个产业招商局，以此驻外招大引强，全年引进项目39个，其中亿元以上项目25个，实际到位内资31.4亿元。肖特医药系统亚洲总部落户缙云，肖特药包二期成功落地并列入省重大产业项目，肖特玻管、普崎数码打印、誉鑫实业、涛涛车业、欧凯车业、嘉宏运动等二期工程都在加速推进。

（2）聚焦精准服务。近年来，缙云县深入开展"精准服务企业、振兴实体经济"专项行动，通过实行政策"加法"、降本"减法"、改革"乘法"、问题"除法"等一系列举措，持续擦亮精准服务企业的"金字招牌"，扎实推进企业问题破解，着力提升服务企业水平，加快推进生态工业高质量发展。

打造"一站式"审批服务。缙云全面深化以"最多跑一次"改革为龙头的审批制度改革，推进"清单导办、专人代办、提速快办"三办服务，落细落实项目管理、评价、决策、推进、达产、跟踪等全生命周期服务机制，降低企业制度性交易成本。在税务工作上，税务部门积极帮助企业和纳税人办税，如每年的"便民春风行动"方便纳税人简化办税流程、辅导纳税人办税、普及纳税知识等。

缙云还"一对一"建立重点项目服务专员，加快推进项目建设，全年完成工业投资33.9亿元，同比增长22.8%。缙云县积极搭建政企对接桥梁，常态化实施服务专班制度。缙云县50个服务专班实现规上企业全覆盖，并指导服务规下企业，与企业家"打开前门"沟通对话。

同时，缙云"三服务"2.0版继续开展"精准帮扶企业、振兴实体经济""百名局长联百企"等特色活动，涉企干部扑下身子、沉到一线、深入企业问需问计。共收集了128个问题，124个问题得到了解答，解决率96.9%。

新冠肺炎疫情期间，面对德国专家无法来缙工作的困境，缙云制定了一套详细的"德国专家入境人员闭环管控方案"，与商务部、民航总局协调航班，与东方航空联络，通过更换机型等一系列举措，召开了100多次对接会，确保了百余名德国专家安全入缙；10天内解决浙江莱福医疗科技有限公司关键元器件断供问题，保障呼吸机等医疗防疫物资正常生产。

（3）聚焦金融支持。缙云县持续推进融资畅通工程，鼓励引导银行加大对工业经济的支持力度，2020年以来，缙云部署开展银行业支持企业"抗疫情、渡难关"专项行动，充分发挥应急转贷基金作用，有效降低企业融资成本、缓解资金周转难题，为企业达产增量注入"金融活水"。2020年，缙云县制造业贷款余额68.98亿元，较年初新增10.69亿元，同比增长21.95%；小微企业贷款余额145.58亿元，较年初新增36.7亿元，同比增长33.69%。

2021年末全县制造业贷款余额较年初新增19.25亿元，增长22.60%，实现了2014年以来的三连增，余额再创新高，重回历史峰值。设立初期规模1亿元的政府产业发展基金，并进入实质运营阶段，助力产业发展。开展政策性融资担保业务，充分发挥应急转贷基金作用，有效缓解企业资金周转难题。2020年累计兑现发放工业及疫情补助资金5570余万元，为企业减负16.81亿元。

（4）聚焦公共服务。为营造良好的创新创业文化氛围，小镇积极在社区功能完善、公共服务和商业服务配套上下功夫，建设了人才公寓，积极引进餐饮、酒店、商铺等，建设了天喜双语幼儿园、壶镇镇社会养老服务中心，布局了青川影剧院、村卫生室、中医诊所等设施。2018年启动小镇客厅建设工作，在其中建设了科技金融超市、科创咖啡厅、工业名品馆、工业展示馆、锯床暨特色机械装备质量检验中心、技术转移中心等内容，并打造了室外景观，使之基本具备了小镇概览、商务服务、信息咨询、产品展示、创业服务、旅游服务、文化展示七大功能。缙云创客学院为企业提供信息咨询、创业孵化、路演培训等服务，检验中心为企业提供质量检验服务，工业名品馆可购买产品，科创咖啡厅则提供休闲、会议等场所。

4. 专注实业的企业家精神

一个有活力的机构，一个企业的真实存在并不取决于其实际的大小和经济力量，而是取决于其是否具有引领民众的思想观念，以及其精神的存在。企业归根到底是经营者，而经营者的思维正是企业文化的功能所在。在市场竞争中，企业文化将扮演更重要的角色，高层管理者的管理职能将逐渐减弱，而精神层面的职能将会变得更加强大，而最重要的工作就是经营好员工的思想。

缙云的工业发展历史悠久，最开始是由机械装备（如锯床）发展起来的，在其长期的发展历程中，逐步造就了工匠精神，因此内生发展动力很足。

（1）晨龙锯床——"天、地、孝"企业文化。缙云的晨龙锯床企业具有自己的核心理念：做大家晨龙，世界晨龙，百年晨龙。这是晨龙的奋斗目标，也是晨龙的核心思想和精神所在。晨龙注重"天、地、孝"企业文化，并且十分重视党建文化，建成"五心"党建品牌：初心、暖心、匠心、连心、恒心。在晨龙的平台上，每一个人都用自己最真挚的爱心去守护这个大家庭。晨龙的一切行为都是以它的核心理念为基础，而这种理念和精神已经深深扎根在了晨龙每个人的心中。

2020年,由浙江晨龙锯床股份有限公司主导起草的《机床安全金属锯床》国家标准和浙江晨雕机械股份有限公司主导起草的《数控水平卧式带锯床 第1部分:精度检验》《数控水平卧式带锯床 第2部分:技术条件》正式获批立项。小镇企业主导制定的这三项锯床标准获批立项标志着缙云锯床龙头企业成为全国锯切装备制造行业的领跑者。

(2)金马逊——"安、专、精"的文化氛围。2020年7月21日,习近平总书记在企业家座谈会上提出,优秀企业家必须对国家、对民族怀有崇高使命感和强烈责任感,把企业发展同国家繁荣、民族兴盛、人民幸福紧密结合在一起,主动为国担当、为国分忧。① 家国天下、科学精神的理念也一直是金马逊的核心所在。多年来,缙云的金马逊机械有限公司坚持以"党建+"为抓手,通过"红色引擎"引领企业发展,做出了凝聚力、生产力和竞争力,实现了"党建强、发展强"。公司也形成了"安、专、精"的文化氛围,荣获了省重点企业技术创新团队称号。

金马逊的发展历程不可谓不艰辛。从2003年投资建厂以来,持续十几年都未盈利,即便到了2018年,企业年营收也不过3000万元,利润更是微乎其微。即便如此,金马逊每年的研发投入却高达13%。长期以来,中国的金属导管先进塑性成形技术装备一直处于被发达国家垄断的地位,而有关的技术装备也受到严格的出口限制。公司创始人林伟明自主创业,将自己的全部身家1700万元投入金马逊机械公司,专注于金属导管塑性成形技术和智能装备生产,终于在航天航空装备技术领域实现了突破。正是靠着这股子韧劲,林伟明的团队在过去20年里攻克了22项关键共性技术难题,并在2019年替代了进口产品,实现了国产化。金马逊在15年的艰苦努力下,最终克服了技术上的困难,

---

① 《习近平主持召开企业家座谈会并发表重要讲话》,中国政府网,2020年7月21日。

不仅使一根弯管具备18项世界先进技术,而且使中国成为继美国、德国、意大利之后,世界上第四个拥有飞机大径导管制造设备的国家。

(二) 农业基础夯实,农业增效、农民增收同步

全面建设社会主义现代化国家,既要有城市现代化,也要有农业农村现代化。目前,我国发展最不均衡的是城乡发展,最不充分的是农村发展和农民发展。要想实现全体人民的共同富裕,关键要缩小城乡差距,实现农业振兴和农民富裕。只有弥补农村的不足,解决了农村发展不平衡不充分问题,让更多农村劳动者共享发展的成果,才能真正朝着所有人的共同富裕迈进。发展都市农业、智慧农业,借助数字化和现代服务业推动转型,创造新业态,提升生产效率和农业竞争力,补农业农村发展短板,通过产业发展来提升低收入群体收入是实现共同富裕的必由之路。

缙云是一个传统的农业县,耕地面积174.64平方公里。县域内自然景观优美,农业经营类型多样,农耕文化丰富。近年来,缙云县立足本地实际,全县农业工作以"绿水青山就是金山银山"发展理念为指导,紧紧围绕"和谐美丽好缙云"的发展目标,聚焦破解山区城乡收入差距大、农业产业能级低、农民增收难等问题,大力推进缙云"绿色生态、安全高效"的现代农业发展。2021年,缙云的乡愁富民产业总产值达72亿元;城乡居民收入比1.98,缩小幅度位列山区26县第1。农村常住居民人均可支配收入26422元,同比增长12.6%,增速排名省山区26县第3位、全市第2位;低收入农户人均可支配收入13998元,同比增长17.5%,增速排名省山区26县第1位、全市第1位;全县总收入20万元且经营性收入10万元以上村241个,占行政村总数的95.26%。

1. 打造优势"五彩农业",助力农民实现增收

五彩农业是缙云开展的独特乡愁富民产业,推动农民增收持续领跑全省。"五彩农业"内涵很广,但最具代表性的"五彩"是指"黄、白、红、灰、黑"(黄:烧饼、黄茶;白:茭白、爽面;红:杨梅;灰:麻鸭;黑:梅干菜)。2021年,缙云实现"五彩农业"产值72.58亿元,同比增长13.25%。

缙云为了打造优势"五彩农业",每年安排扶持资金1.2亿元,细化15个大产业的扶持政策,致力引领产业经营规范化、工艺标准化、主题组织化、产品品牌化建设。创新建立"业长制",设立"烧饼办""爽面办"等机构,实行"一办管一业";设立授信额度20亿元的乡愁产业贷,推动乡愁资源产品化;引入第三方咨询机构,聚焦上、中、下游产业发展链条,因产施策,开展特色强链、要素补链,制订产业提升实施方案,精准测算财政投入产出比,产业发展带动率和延伸辐射作用。

(1)"黄"——烧饼、黄茶。从"路边摊"到"品牌店",从"小县城"到"大都市",从"谋生技"到"致富经",缙云烧饼在近几年风靡全国,成为全县乃至全省特色餐饮龙头产业和助农增收典范,帮助越来越多的人脱贫致富。全国有8000多家缙云烧饼店,2021年创造产值27亿元,同比增长12.5%,从业人员达到2.3万人。缙云烧饼成功入选全国乡村特色食品名单(全省6个,全市唯一)和"浙江省文旅示范级IP";制作技艺成功入选国家级非物质文化遗产代表性名录,获评省"非遗薪传"传统美食展评活动薪传奖。为了将把小烧饼发展成一个大的产业,缙云县于2014年推出了缙云烧饼的品牌战略,先后成立了"烧饼办""烧饼协会""烧饼班",组织了"烧饼节"等活动,为小烧饼的发展做出了贡献。

传承缙云轩辕黄帝文化和茶文化，缙云精心培育和发展黄茶产业。黄茶已经成为缙云统一打造的地方区域品牌，缙云现有黄茶面积1.35万亩。2021年，缙云黄茶亮相第四届中国国际茶叶博览会。2021年，缙云黄茶品牌价值4.67亿元人民币，全县黄茶种植面积1.35万亩，市场均价每斤1500元，已成为农民群众增收致富的"黄金叶"。

（2）"白"——茭白、爽面。缙云是"中国茭白之乡"，种植面积全国第一，全国餐桌上，平均每8根茭白就有1根产自缙云，每10根茭白就有2根出自缙云种植师傅，缙云"茭白师傅"遍布全国。作为"中国茭白之乡"，缙云是全国最大的茭白生产基地，全县茭白种植面积6.58万亩，占全国种植面积的8%。得天独厚的气候条件和多样化的山地资源优势孕育了具备独特品质的缙云茭白，在缙云，茭白产业从业人员多达3.5万人，产量12.7万吨，带动全产业链产值15亿元，产业规模位居全省第一。

2021年缙云爽面总产值达2.4亿元，现已成功注册国家地理标志证明商标，首家缙云爽面旗舰示范店也已正式开业。缙云县舒洪镇姓王村是爽面文化的发祥地，制作历史悠久，是缙云县最大的土爽面生产加工主产区，2021年该村加工爽面农户已达400多户，年加工量达4000吨，产值达4800多万元，实现利润3500多万元。缙云爽面的飞速发展是缙云乡愁经济的一个缩影。

（3）"红"——杨梅。缙云不是杨梅的故乡，可经过缙云的山、水、空气与土壤的润泽，缙云杨梅获得了"最甜杨梅"称号。同时，缙云还充分利用"浙江绿谷"的优势，在不同海拔地区种植杨梅，延长了生长期和采收时间。缙云县现有杨梅种植面积3万余亩，产量1.15万吨，产值1.3亿元，相关从业人员3000余人。舒洪镇的仁岸村盛产杨梅，光是杨梅一项，就能为村民带来5000多万元的增收。现在，杨梅成了村里家家户户都有的绿色农产品，种植面积更是翻了几番,总面积超过5000亩,盛产面积超过3000亩。为提高仁岸杨梅知名度,自2015年开始连续七年举办杨梅节,以"梅"为媒,以节会友,打响"浙江最甜杨梅"品牌,为传统乡愁富民产业注入新活力。以"江南谣"杨梅酒为代表的杨梅深加工产业,解决了梯次杨梅销路问题,增加农民收入200余万元。除此以外,缙云还通过节庆营销、"互联网+"、定点直发等模式不断扩大收益,杨梅产业产值达5000余万元,成为促农增收的重要支柱产业。享山水之美,品杨梅之乐,东魁杨梅成为缙云的"幸福果"。

(4)"灰"——麻鸭。麻鸭是缙云县300多年来的传统农产品。缙云麻鸭由"低小散"发展到规模化、品牌化、标准化养殖,已成为当地百姓增收的"财富密码"。经过一段时间的发展,缙云麻鸭得到了地方种质资源保护,品种得到进一步的纯化,使麻鸭的产业链得到进一步的发展。2021年,缙云麻鸭出栏30万羽,产蛋量3000吨,增长6.6%,有1万多名鸭农到省外饲养,总产值达21.8亿元,增长9%。特别是在"丽水山耕"商标的加持下,缙云麻鸭的价格从60元/只涨到了128元/只。依托缙云麻鸭的优良品种和养殖技术,借助外地的资源和市场,逐渐形成了一个孵化、饲养、销售等相配套的主导产业。

(5)"黑"——缙云菜干。缙云烧饼也有效地促进了缙云菜干产业的迅速发展。2020年,全县芥菜种植面积近万亩,总产量3.68万吨,产值达到0.64亿元。东方镇是菜干产业的主要产地,近年来,该镇积极引导和鼓励,坚持品牌建设与质量提升两手抓,以"四轮驱动"的方式发展菜干产业。缙云菜干半成品的收购价从2015年的8元/公斤提高到2021年的20元/公斤。2021年该镇菜干种植面积突破10000亩,全县产值6400多万元,成为农民增收致富的主导产业。

2. 将生态优势转化为经济优势

缙云青山绵延、秀水穿行,素有"黄帝缙云·人间仙都"的美誉。

缙云是生态资源的富集地区，将生态资源优势转化为经济优势，是缙云实现共同富裕的重要途径。绿色生态一直是缙云县的核心竞争力，在建设国家生态文明建设示范区和发展全域旅游的契机下，生态文明建设在缙云得到了生动实践。

（1）美丽乡村建设。近年来，联丰村通过开展小城镇环境综合整治，村庄环境得以进一步提升。为了让处处美景，四季有花，村里对全村 200 多户村民房前屋后的美丽庭院进行了评选，并设置奖励。村里聘请了专职园艺师，园艺师负责打造节点花艺和指导村民种花养花，同时担任每季度美丽庭院评选的评委。联丰村奖励机制贯穿于清洁卫生、环境维护、花木种养全过程，发动村民参与"花园乡村"创建，让美丽庭院与物质奖励、荣誉激励挂钩，让环境从"一时美"变成"时时美"。花园乡村建设不仅是披上一件美丽的新衣，更要让"美丽环境"加速向"美丽经济"转化。

仁岸村把"水"作为生态经济的重要资源，高标准规划水利风景区，整治盘溪、章溪河道，拆除鸡鸭棚，关闭沙场，改造滨水节点绿化，提升滨水空间形象，完善水利基础设施，建设生态防洪堤，加强水景观改造，打造一条水质达到Ⅰ类水的天然游泳河道。得益于对绿水青山的充分保护，仁岸村的森林覆盖率达到 93%，年度环境空气质量优良率为 90% 以上，空气负氧离子年平均值达到 2000 个/立方厘米以上，成为一个会"深呼吸"的村庄。

联丰村和仁岸村只是缙云县花园乡村建设的缩影。2020 年以来，缙云开展"花开缙云"暨花园乡村创建行动，实施"花漾庭院、花貌村居、花韵风情线"创建，推行一月一点评、统筹协调、问题清单、项目清单等机制，成功创建首批 5 个乡镇 30 个村，打造省级美丽乡村示范乡镇 2 个、精品村 3 个、风景线 2 条。推动美丽环境向美丽经济转化，为富民增收塑形。

（2）发动群众积极性，引入新业态。没有资源就发挥主观能动性创造资源，创新才是普通村庄实现共同富裕的正确打开方式。缙云县充分认识到引入新业态的重要性，各个村庄都充分发动群众的积极性，想方设法为人民增收。

联丰村雅化路自然村也称荷花路，曾遍开荷花，因此联丰村决定以"荷"为主题，打造万莲花海，同时瞄准开发卡丁车项目，共同带动集体经济增收。2020年，联丰村为了增加村集体经济收入，精准谋划绿色产业发展，将美丽宜居环境转变为宜游宜玩的好去处，投资300多万元建设40多亩"万莲花海游乐园"项目，举办荷花节，经营卡丁车等娱乐项目。为进一步完善村庄功能，联丰村投资近1800万元用在全村几个重要节点和庭院上，打造了雅和亭、老街三景、古城生态公园、雅化路四合院、夜景灯光等项目工程。夏日，40多亩荷花盛开的美丽画卷吸引了十里八乡的游人前来观景赏玩，单日最高为村集体增收4万元。联丰村以此实现了美丽环境到美丽经济的蜕变。

仁岸村投资3000余万元，完成了3D油画石头动物园等20余个项目建设，栩栩如生的动物形象及水质达到Ⅰ类水的天然游泳河道，闻名十里八乡，双休日到仁岸村休闲游玩的人数高达万人。不仅如此，仁岸村以良好的生态环境吸引了缙云县历史上投资额最大的农旅项目——大佑山农旅融合项目落户，总投资达2.1亿元。2021年，全村实现农业生产总产值1.2亿元，村集体收入达152万元，村民人均收入超3.5万元，全年接待游客人数2万余人次。同时，依托"最美河道"，仁岸村不仅全面承办龙舟、游泳、垂钓等水上运动项目，发展赛事经济，更做起了水上岸边游乐项目的文章，开办了水上娱乐、自行车骑行等娱乐设施。有的村民投资开发水上乐园，有的村民围绕缙云烧饼、缙云爽面打起"美食牌"，村民发了"旅游财"。仁岸村实现了"生态美"和"共同富"的并驾齐驱。

(3) 盘活集体资产。"村庄即是景区、农房即是民宿、村民即是导游",这句话非常适用于现在缙云的部分乡村,他们走的正是"村美民富、自然和谐"之路。

仁岸村通过"以土地换林木"方式解决了绿化问题。村里将河边、路边、山脚边的土地打包,无偿提供给缺土地的苗木公司,村集体对其苗木进行计价,并和苗木种植公司签订购买合同,这种"以地换木"的绿化模式,走出了市场化村庄绿化的新路子,既解决了村集体启动资金问题,更盘活了村里的生态绿地资源,实现了生态效益、经济效益双丰收。这一做法完全零成本的美化了村里的环境,又让育苗场节省了种植苗木的租地成本,提高了苗木利润。同时,村里漂亮的花卉苗木也为育苗场打足广告,大大增加了育苗场的销售额,真正实现了生态共赢的良好局面。村里还把亲水的 28 户小洋楼打造成民宿项目,吸引在外经商的村民回村投资,成功引进上海大千影业有限公司落地仁岸。在清理村庄当中,把小洋房以统一规格设计,按一户一宅的要求,以抽签形式分配房子,盘活资金 1000 多万元。紧接着,仁岸村充分利用桥洞空间,建设别具一格的桥洞咖啡屋游憩项目,让游客留下来消费,每年直接增加收入 30 万元。

3. 乡村振兴

缙云在全省率先探索建立精准扶贫大数据系统,形成低收入农户"幸福清单"和"小康码",得到省委、市委等领导点赞肯定,相关经验做法入选中央网信办 2020 年教学案例,同时入选全省数字化转型最高成果展示平台——浙政钉"观星台"在建应用栏目浙江省农业农村厅扶贫数字化管理系统,并作为扶贫领域一项重大改革创新在 2020 年浙江省农业博览会精准扶贫馆进行展出和演示。

缙云在南江县实施"红黄白"三色产业扶贫,发展茭白基地 3000

多亩、杨梅基地 6000 多亩、雷竹 6500 亩、套种皇菊 2000 亩，直接带动 3.28 万余名群众脱贫，户均增收 2800 多元，助力南江成功退出贫困县序列，获国务院扶贫办点赞。缙云县 3 项富民增收做法入选《浙江农民增收 100 例》。2019 年缙云县获评全省实施乡村振兴战略优秀单位。2020 年缙云县被认定为全省深化"千万工程"建设新时代美丽乡村（农村人居环境提升）工作考核优秀县。舒洪镇仁岸村入选 2020 年中国美丽休闲乡村和第十批全国"一村一品"示范村镇（全市唯一）。缙云县壶镇镇、舒洪镇获评全省美丽乡村示范乡镇，五云街道周村村、壶镇镇工联村、壶镇镇联丰村获评全省美丽乡村特色精品村。

新建镇是"中国淘宝镇"，拥有笕川村、洋山村两个"中国淘宝村"。近年来，新建镇农村电商经济迎来爆发式增长。2021 年"双十一"期间，新建镇百余家网商企业在各大电商平台交易额突破 2 亿元，累计快递量突破 100 万件，各类本土电商企业销售成绩斐然。农村电商规模持续增长，以电商兴产业、促就业、增收入，不仅为电商从业者创造规范、有序、健康的环境，也促进了农村网络、交通等基础设施的进步，进而推动农村步入共同富裕的快车道。

4. 注重人才培养

从 2013 年开始，缙云县积极开展"三农"实用人才和新生力量培养，推进"农民素质提升工程""希望之光工程"，强化农村实用人才、农业农村管理人才等队伍建设，完善培育和就业联动机制，提升人才培育转化率，实现人才招引、培育、使用"一条龙"。2020 年共完成农民培训 8301 人，累计培育产业领军人才 52 名，各级"农三师"70 名，农技推广人才 273 名，培训农村实用人才 12676 名，并围绕主导产业对缙云烧饼师傅、爽面师傅、茭白师傅进行了重点培训，一大批"领头雁""土专家""田秀才"活跃在缙云乡村的土地上，带动缙云 40 万农民增收致富。深化"缙云农师"农村实用人才品牌建设,开展"草根创业"专项培训,因地制宜开设"缙云烧饼师傅""缙云茭白师傅""缙云爽面师傅"与农村电商、家政服务等工种培训,让更多的农民学到致富技能,促进农民增收致富。截至 2021 年底,共同培育缙云烧饼师傅将近 1.1 万人,缙云爽面师傅 2100 余人。

以烧饼为例,做大做强烧饼产业,人才是关键。缙云县大力培育以"缙云烧饼师傅"为龙头的农村实用人才队伍,在缙云电大、缙云县职业中专壶镇分校建立免费培训基地,聘请本地知名烧饼师傅对学员进行免费培训,成功打造一批制作技能过硬、带动力强、影响面广的"缙云烧饼师傅"队伍,累计培训烧饼师傅 10757 人。截至 2021 年底,缙云县累计培训缙云烧饼师傅 10980 人次,其中,中级缙云烧饼师傅 250 人,高级缙云烧饼师傅 280 人,缙云烧饼大师 10 人;带动从业人员 4 万多人,人均增收 4 万多元。

(三)做强服务业,扩大就业惠民生

服务业是国民经济的重要组成部分,是连接生产和消费的桥梁,其发展是衡量某一地区经济发展水平和现代化程度的重要标志。随着中等收入群体的扩大,精神消费在消费结构中的比重将大幅提高,文化、娱乐、体育、旅游等类别的消费有望快速增长,这将促使符合精神文明趋势、大众健康的服务产业受益。一方面,生产性服务业的高质量发展有助于传统农业与工业向高端化、智能化、绿色化转型,提高经济总量。另一方面,通过比较中国与海外发达国家的消费支出结构可以发现,我国在医疗、住房等生活性服务业方面的生存型支出比例较高,教育受成本上升影响加大了支出压力,使得居民在文化娱乐等方面的消费结构较不合理,只有解决第三产业中的民生成本问题,

才能促进居民消费升级实现共同富裕。因此,共同富裕的实现需革新当前第三产业中的潜在不足,促使第三产业回归服务本质,使第三产业更好地服务于生产与民生。

缙云县的服务业相较于农业和工业来说,仍处于初级发展阶段,规模较小,2021年,服务业增加值增长8.3%,增幅居全市第三,较上半年提高3个位次。服务业拉动全县GDP增长4.29个百分点,贡献度为43.5%。规上企业12家,线上商贸企业只有76家。分行业看,批发零售业增加值同比增长22.6%(两年平均增速为10.4%);住宿餐饮业增加值同比增长13.2%;房地产业增加值同比增长10.0%(两年平均增速为14.8%);交通运输及仓储和邮政业增加值同比增长3.5%;金融业增加值同比增长8.9%;其他服务业增加值同比增长4.8%。

1. 生活性服务业向特色化和高品质转变

为了推动生活性服务业向特色化和高品质转变,缙云成功举办了黄帝祭祀大典、仙都半马超级越野赛、麦田音乐节等一批具备影响力的品牌性活动。在生活性服务业中,缙云的旅游业发展尤为独特。缙云县是省级旅游经济强县,目前缙云全县拥有一个国家5A级旅游景区(仙都景区),2个4A级旅游区,5个3A级旅游区,2个全国重点文物保护单位;创成各类"旅游+"产业融合示范基地37个;着力培养黄帝文化等一批文旅融合IP;低空飞行、滑漂、漂流、露营、赛车、越野等新业态不断涌现。

缙云县以开放性思维不断丰富"旅游+"内涵,形成缙云独特的旅游产业。一是黄帝文化迈上新高度,以敢为人先的首创精神,想尽办法、竭尽全力,成功将中国仙都祭祀轩辕黄帝大典升格为省祭,并于2021年10月14日举办首届由省政府主办的祭祀活动。缙云仙都景区成为丽水市首个 5A 旅游景区。在创 5A 的过程中，缙云县积极探索旅游景区创新发展之路：积极推进景区景点资产化、旅游公司实体化，通过市场化运作有效解决了景区发展所需要的资金难题；大力推进旅游管理体制改革，设立并强化旅游警察、旅游巡回法庭、旅游工商所等职能；实现手机 App 智慧导游、电子讲解、信息推送、刷脸入园等智慧旅游服务功能全覆盖，游客在缙云游玩能充分体验到无纸化入园、散客规定日期内不限次数重复入园等便捷式旅游体验。在"快进慢游"立体交通网基础上，专门开通"仙都—黄龙—笕川花海—河阳"四大景区旅游专线，将重点景区串珠成链。二是开展石窟活化利用，邀请著名建筑设计师对石窟资源进行生态修复"微干预"、活化利用"微改造"，分批建设石窟餐厅、音乐厅、图书馆、露天剧场等，打造出全新的文旅空间。三是旅游业态不断迭代更新，目前已创成省级以上"旅游+"产业融合示范基地 37 个，低空飞行、马术、鹦鹉园、蜜蜂王国等一批新颖产品吸粉无数；30 余条 300 多公里的户外"驴道"成就了缙云"户外天堂"的美誉。四是文创产品层出不穷，以黄帝文化、缙云烧饼等为主题的文创产品已有 50 多种。以鼎湖峰和老农牧牛为主元素，全市首支文创雪糕"仙境奇冰"引爆朋友圈，引无数路人打卡仙都。

除此以外，缙云县还成功创建省首批全域旅游示范县，被国际旅游联合会授予"最佳品质旅游县"；成功创建 4A 级景区城，星级酒店、高端精品民宿依托旅游资源优势正在崛起，在建的四星以上酒店有 4 家，首家五星级大酒店也于 2021 年 9 月底开始运营。缙云锦江国际大酒店、仙都创 5A、笕川花海、北山淘宝村、顺联动力、德菲利庄园、羊上滑翔伞基地等项目的成功运营，有效扩大了休闲旅游、电商购物和中高档消费，完善了城市旅游接待功能，也提升了城市品位形象，促进了缙云特色高品质服务业的发展。

2. 生产性服务业向专业化和价值链高端延伸

为了推动生产性服务业向专业化和高端化发展，缙云县推动天喜厨电、涛涛集团分别入围国家和省级两业融合试点企业，龙头企业顺联动力的"共享社交电商平台"成为国家级服务标准化试点项目。顺联动力加速电商直播布局，打造场景化直播购物体验，2022年上半年顺联动力增速为83.1%，全市排名第一。线上服务业企业贝玛教育科技获省级标准化试点项目；北山狼是缙云首个获评省级服务业名牌的企业。

缙云县的电子商务发展初具规模。缙云县已跻身全国县域电商百强，入选全国电子商务进农村综合示范县。缙云县立足生态资源，注重生态价值转换，主动适应消费结构升级，通过产业链延展、新技术应用、跨界融合等多种手段，催生了生态康养、乡村体验、互联网农业、共享农房、中央厨房、个人定制等一系列产业融合新业态，缙云茶叶市场、天喜网络科技、石艺文化产业园、众创小微园有序推进，助推"美丽乡村"向"美丽经济"转型发展。茭白旅游文化节、仁岸杨梅文化节成功举办，以"直播、助农、电商"的新模式将文化节搬到了"线上"，不仅打通了新鲜农产品直达市场的快车道，也为消费者提供了下单直送的便利门，有效提升茭白、杨梅品牌知名度。

3. 公共服务业向市场化和社会化发展，提升人民群众获得感

目前，缙云已建成一批重大社会民生项目，教育、医疗、文体等公共服务设施进一步完善。首先，新型城镇化建设取得突破性进展，新碧幼儿园、瑞杰实验学校、田氏伤科、缙云养老院等项目建设，推动入园入学难、就医难、养老床位少、环境整治难等民生问题得到解决,民生获得感和幸福感全面提升。其次,缙云还建成一批重大基础设施,基本构建接沪 2 小时交通圈、融丽半小时通达圈、联金半小时通勤圈、县域半小时出行圈。再其次,缙云建成"无废城市",水安全保障水平显著提升,城市防洪达标率达到 95%,打造美丽中国先行示范区。最后,在新型基建方面,缙云已基本建成多元高效的新能源设施网,"一源一备"覆盖率达到 100%,清洁能源发展位居全国前列,诗画浙江大花园基本建成,助力丽水创建中国碳中和先行区。新型基础设施建设取得突破性成效,实现重点区域 5G 网络高品质覆盖,基础设施智慧化水平全面提升。

四、县级实现共同富裕的经验总结

(一)因地制宜,找准本地特色产业,发挥优势

首先,缙云县处金丽温三市之交,扼金温要冲。交通四通八达,成为北接长三角,南承海西区的重要节点,交通区位优势明显,是全市交通最发达的县(市、区)之一。缙云利用明显的交通优势,加之缙云人走南闯北,商贾意识浓厚的特点,长期以来建立了工业强县的富民战略。经过长期的探索,确立了机械装备、健康医疗、智能家电、短途交通四大主导产业,打下了坚实的工业基础。

其次,缙云县针对自身山多地少的特点、独特的气候优势,以及悠久的种养历史,为缙云农业发展提供了丰沃的土壤。缙云大力推进"绿色生态、安全高效"的现代农业发展,积极发掘本县特色的"五彩农业",并不断传承农业文化遗产,推动传统产业向农业文化转型,打造以"五彩农业"为代表的百亿级乡愁富民产业。

最后，缙云县作为浙西南山水生态旅游经济带上的重要节点城市，自然环境优美，生态优良，缙云县空气中年均负氧离子达 3503 个/立方厘米；2018 年环境空气质量（AQI）指数年平均值为 47，空气优良天数 351 天，占全年比例 98.9%；地表水质优于Ⅲ类水质标准的水体比例为 100%，水质优良。缙云县充分发挥生态优势、挖掘文化本底，积极开展旅游业，提升了缙云的旅游内涵，把自然生态、历史文化、民俗文化、红色文化等资源优势转化为发展优势和产业优势。好山好水孕育了地方底蕴深厚的文化，形成以黄帝文化、石头文化、婺剧文化、胡公文化、美食文化、民俗文化为主的传统文化。其中，底蕴深厚的黄帝文化是仙都的核心文化。缙云推动生态文化与黄帝文化、民俗文化等地方特色文化融合，形成了以黄帝祭祀活动为龙头，双溪口杏花节、前路桃花节等 20 多个节庆活动为支撑的特色文化品牌。

缙云牢牢树立"因地制宜、就地取材"的理念，立足乡镇发展现状和本土资源，按照"一镇一特色"发展思路，构建三溪澄心、舒洪麦香、仙都丹青、方溪蓄能、大洋石韵、石笕油茶、东渡酷车电商等特色定位。缙云正不断发挥绿水青山、田园风光、乡村美景、农耕文化的独特优势，进一步推进缙云县的发展。

（二）政府提供一个良好的营商环境

缙云县以数字化改革为牵引，以市场主体感受和诉求为导向，以"最多跑一次"改革和政府数字化转型为契机，把营商环境放到更加突出的位置，以打造高效便捷的政务环境、更具吸引力的投资环境、智能高端的科技创新环境、活力四射的产业环境、公平竞争的法治环境为目标，进一步聚焦市场主体关切和诉求，创新金融服务，助力企业纾困，推进企业开办便利化改革，进一步减环节、减手续、压时间，不断提升服务水平，努力打造营商环境最优县。

在项目支撑上，坚持"外引内育"并重，坚定实施"双招双引"战略性先导工程，跳出传统思维，树立开放思想和沿海意识，瞄准"大项目—产业链—现代集群"的基本框架，以更加开放的姿态参与全国、全球产业链重塑。同时把培育具有核心竞争力的优秀企业作为各类经济政策的重要出发点，用足用好山区26县"一县一策"，扎实推进雄鹰、凤凰、雏鹰、小升规等系列行动，真正形成大企业顶天立地、中小企业铺天盖地的生动局面。在变革创新上，牢固树立"山区也能搞创新，山区县也能搞工业"理念，加快形成县内县外两个"3+N"创新动力体系，全力抓好招才引智，努力走出一条"小县大创新"的县域创新发展路径和发展格局，更好地为企业赋能。正视当前发展的各种困难、压力和挑战，抢抓中央及省委出台的一系列政策措施，紧扣"准""快""实"三字诀，做到吃透政策、精准发力，直达快享、超前发力，跟踪问效、严实发力，切实为企业纾困解难。

（三）注重创新创造，以创新创业为根本

近年来，缙云县委、县政府深入实施创新驱动发展战略，坚持把科技创新摆在事关发展全局的战略核心位置。发挥政府作为重大科技创新组织者、行业公共创新引领者、企业单点创新支持者的作用，加强前瞻性思考、全局性谋划、战略性布局、整体性推进，以机制突破为引领，以平台集聚为基础，提升主体创新能力，强化外智协同效用，实现产业链、创新链、政策链的有机融合，努力打造山区经济跨越式高质量发展的创新引擎。缙云通过运用好"创新引领"这把金钥匙，加快打通"两山通道"，支撑引领县域经济社会高质量绿色发展，在时隔7年后重夺丽水市工业第一强县。为加快山区26县跨越式高质量发

展,高水平建设共同富裕示范区,提供了鲜活的"缙云样板"。

缙云聚焦打造丽缙园、缙云经济开发区两个"万亩平台",以超常规力度开展平台"二次创业"。丽缙园省级高新园区创建全面开展,综合排名成功进位三名;经济开发区入选省数字化示范园区、美丽园区示范园区,累计完成面积拓展 3400 余亩,为加快实现"万亩千亿"的未来缙云工业提供坚实空间保障。

企业是科技创新的主体,也是技术创新的受益者。缙云在大力发展高科技企业群体的同时,也在积极发展创新"领雁"型企业,对创新能力突出的企业进行"创新先锋"的表彰,培育具有梯级创新能力的创新主体。缙云县内天喜、畅尔、金马逊、涛涛等一大批龙头企业,就是靠着科技创新的力量发展起来的。企业创新是公司经营的一个重要方面,它影响着公司的发展方向、发展规模和发展速度。从公司的整体经营到具体的经营活动,企业的创新活动渗透到各个部门、每个细节。在重视技术创新和人才创新的同时,学习借鉴发达地区在组织、管理、战略等方面的创新。正是因为在各个方面不断的创新,企业才得以高质量发展。

五、县级实现共同富裕存在的问题

(一)公共服务仍存在一些短板

1. 优质公共设施供给不足,社会治理体系有待完善

基础设施建设包括交通系统、能源动力系统、给排水系统、商业、医疗等相关方面的建设,好的基础设施建设可以促进城市国民经济的发展,可以提高人民的生活品质。缙云县空间拓展不快,市政管网等基础设施仍然存在较多弱项。缙云县的高等级公路总体密度较低，站场设施建设滞后，贫困地区通达、通畅任务仍然艰巨，综合交通体系有待完善。水电路网等基础设施建设依然滞后，部分地区的网络宽带不够、信号不稳定等问题依然存在。

2021年缙云县的城镇化率只有57.8%，低于全省72.7%的平均水平，也低于全市61.8%的平均水平。城镇化水平滞后，导致公共服务配套设施难以满足中高端人才需求，如医疗教育、娱乐休闲以及较集中的娱乐场所等。教育现代指数只有65.6，列全省倒数第8，缙云县缺乏优质的教育。同时，在办学中超规模、超班额情况比较严重，公办幼儿园占比仅为38%，距离50%的底线要求差距较大。缙云是丽水9县（市、区）中，唯一没有体育馆、文化馆、青少年活动中心等公共文体设施的县，文体设施缺乏。同时，医疗、养老等公共服务仍存在较多的短板。缙云下属的乡镇发展状况参差不齐，一些乡镇没有设立公立医院，居民住宅普遍比较老旧。"双核驱动"城镇格局有待完善，产城融合发展水平有待提升，促进人口向县城和中心镇集聚的体制机制有待建立完善。

除此以外，与不少县情况类似，作为工业后发地区，缙云的用能基数很小。缙云县的能源每年增量仅为2万吨标煤，仅能满足居民生活增长需求，没有为产业发展留出用能空间。受陆上风电等政策调整，新增清洁能源总量受限，用能空间亟待解决。同时，土地资源稀缺，工业用地不足的同时人口居住较为密集，从而加剧了生活污染和工业污染并重，可供产业发展的存量用地空间严重不足，整合后的两个平台仅丽缙产业园有1000多亩土地可供项目落地，缙云经济开发区已多年无存量用地，无法支撑生态工业跨越式发展，发展空间亟须拓展。

2. 投融资机制还不够健全

基础设施建设项目往往需要有庞大的资金流，因此要想启动一个项目，就需要投入大量的资金。对投资机构来说，这种具有公益性质的项目投资成本高，投资周期长，投资回报低，因此许多投资者不愿投资。缙云的基础设施建设主要依靠政府补助和地方财政拨款，而管理权限主要集中在上级部门。在缙云迅速发展的过程中，基建经费紧张的问题日益突出，而基础设施建设又多为公益项目，没有直接的经济效益，很难获得贷款，国家支持基础设施建设的资金十分有限。这就造成了工程建设经费不足，影响了工程的开发力度。这是缙云地区公共基础设施建设发展的"瓶颈"。

服务业线下企业培育机制不够完善，未上规企业缺乏扶持政策，后劲乏力。2021 年，缙云投资总量达到 93.7 亿元，同比增长 16.4%，居全市第三。投资结构性指标呈现两高两低的现象，短板较明显，在民间投资、生态环保、城市更新等方面增长比较快，在高新技术产业投资、交通投资等方面后劲不足，2020 年出现下降趋势。并且目前缙云所接到的项目体量普遍都较小，真正做到 10 亿元、20 亿元的大项目比较少。这也是山区 26 县的共有问题。

3. 公共服务数字化程度还不够高

缙云的数字化仍停留在信息渠道畅通的层面，数据在治理过程中所发挥的社会态势感知、公共事务辅助科学决策等方面的价值未能得到有效发挥，数字化基础设施、数字资源整合、数字化意识转变、数字人才队伍建设方面仍存在诸多问题。一是网络基础设施相对薄弱。农业生产基地 4G 信号盲点仍然较多，5G 基站、光纤宽带、物联网设施等新基建数量和布局亟待完善。二是数据整合共享不充分。数据资源分散，公共数据共享开放不足，天空地一体化数据获取能力较弱、覆盖率低，数据要素价值挖掘利用不够。三是融合应用不足。产业数字化、数字产业化滞后，融合应用场景不多，数字经济在农业中的占比远低于工业和服务业。数字化治理水平偏低，与城市相比差距仍然较大。四是数字化人才缺乏。数字化复合型人才不足，大部分主体数字素养不高。五是传统的基层公共服务设施的数字化改造速度较慢，便民服务和社区共享服务的改革力度不够。社区公共设施服务的覆盖面和硬件条件都比较好，但社区文化活动中心、社区卫生服务中心等的利用率普遍偏低，这一类传统服务机构的数字化改造进程比较缓慢。对青年群体来说，目前的社区基础设施供给的丰富性还需增强，随着更多的市场化运营主体在文化、体育等领域的创新，平台化发展、灵活的空间组织形式、城市复合功能融入等多重手段对该类基层传统公共服务设施带来了进一步的冲击。

（二）人才引进难、留不住

1. 人才引进难

缙云第三产业发展相较工业和农业明显滞后，城市难以吸引人、留住人，区域辐射力、影响力严重不足。尽管出台很多政策吸引大学生返乡，但是高校大学生返乡就业比例仍不到1/4，经济要素外流压力大。此外，缙云缺少高端人才，尤其是金融方面的人才，如财务总监、董秘等。缙云城镇化水平不高，在通达条件有限、公共服务水平不高、县级财力弱等因素的影响下，致使人才引进平台搭建广度、深度不够，对一些懂技术、懂市场、有想法的高端人才缺乏吸引力，导致人才匮乏。高端人才招引难的问题导致产业转型升级步伐与发达地区相比差距较大。

人才引进主要采取行政干预和以利益为导向的方式进行。目前，缙云在人才培养和引进过程中，对人才的定位不够明确，缺乏对基层发展究竟需要哪些人才的认识。一些高水平的技术人员，在某些职位上并不是很得心应手。一些地方由于资金短缺，对人才的补助不够充分，安置工作不够好，以致人才丧失信心，最终离职。对于紧缺型人才和一般人才的引进条件设置区别不大，对急需的紧缺型人才缺乏有力的吸引政策措施，很难在短期内引进。

2. 人才留不住

一方面，人才工作管理体制不够健全，激励机制不到位、流动机制不灵活等问题导致人才留不住。一些人才因基层工作繁复冗杂、工作压力大等原因而选择离开，而经济发达地区在人才竞争方面大打"待遇战"，通过灵活机制、高薪待遇等条件吸引欠发达地区人才，形成"马太效应"，越发达的地区汇聚人才越多，欠发达地区人才引进越加艰难。另一方面，各种公共设施相对较为落后，休闲、娱乐等满足不了人才的生活需求。缙云受先天地理环境影响，在工资奖金、福利待遇、工作环境、生活条件、学习深造、发展机遇等方面与发达地区有较大落差，造成对人才的吸引力不够，很难满足人才对自身发展的需求，从而导致大批年轻的具有高水平文化知识和专业知识的优秀人才纷纷背井离乡，在经济发达城市谋求生计。

人才引进后政策和福利跟不上，晋升空间小。一些有才华、有思想的人才，从长远的个人发展和家庭的角度出发，通过抽调、借用、选调等途经离开乡村。高校毕业生从事"三支一扶""大学生村官""西部志愿者"等基层工作，通常是作为他们个人就业选择的一个跳板，短期内服务基层，服务期满后多会凭借政策优惠考取定向公务员或者考研加分等，并不会长期从事基层工作。

（三）资源要素约束凸显

近些年来，受疫情和俄乌冲突影响，传导至经济领域，则是全球范围内新一轮的技术革新、产业升级和高端供应链的重组。同时，外部环境不确定引发全球能源价格和大宗原材料价格持续上涨，海运费居高不下，外贸出口总额持续下降，导致缙云的企业，尤其是以外贸出口为主要销售渠道的企业订单量减少，对出口依赖型企业及中小微企业影响较大。再加上缙云能源基数小，难以满足工业发展的需求，现阶段一些能源、原材料的涨价，直接引起企业的利润降低。

从宏观上看，疫情将对投资、消费、出口相关企业带来明显的冲击，短期内这些企业会因为资金链的断裂而不生产或无法生产，导致企业生产和销售的困难，长期来说会带来失业率上升和物价上涨。同时，疫情会使人们减少购物、减少外出、减少旅游、减少消费和投资，由于大量经济活动的减少，社会需求被抑制。加之企业普遍面临比较大的租金、工资、税费等综合成本压力，发展面临很大的挑战。

第三章
县级共同富裕建设比较

"十三五"时期,缙云县全面建成小康社会取得了决定性成就,经济实力大幅跃升,全面改革成果丰硕,创新能力显著增强,大花园核心区建设全面推进,城镇建设扎实推进,乡村振兴成为全省示范,居民幸福感不断攀升。作为山区县,自2002年起,缙云县便与发展水平更高的德清县展开了山海协作,两地在乡村振兴、产业发展、助农增收等领域形成了一批特色亮点项目,截至2021年累计推进各类项目205个,到位资金3100万元,两地不仅结下了深厚情谊,更是形成了山海互惠、合作共赢的生动局面。浙江省共同富裕示范区的建设对缙云县发展提出了新的要求。缙云县在共同富裕建设时期,主要聚焦缩小地区、城乡、收入"三大差距"。德清县社会经济取得了长足发展,具有改革集成比较优势;城乡均衡比较优势,2021年城乡收入比降至1.61∶1,居丽水市和浙江省前列,共同富裕示范区的建设也对两地山海协作提出了新的要求。通过对缙云、德清两地经济发展水平、地方财力、财政支出、公共服务建设等方面进行比较，了解两地共同富裕情况的差距，并深入学习德清县优秀经验，为缙云县共同富裕的建设提供经验指导。

一、山海协作推动共同富裕的探索

山海协作工程是习近平总书记在浙江工作期间作出的重大战略决策，也是"八八战略"的重要内容。近年来，缙云县深入实施山海协作工程，推动区域协调发展，走出了一条"共创共享、合作共赢"的高质量绿色发展新路子。缙云县近年来大力发展经济，奋力争当丽水革命老区共同富裕先行示范区建设的排头兵和山区高质量发展先行县。在此背景下，缙云县继续通过山海协作，借助发达地区资本、区位、产业、人才等优势，激活经济发展潜力，打造了一批极具带动效应的山海协作新平台，培育新的经济增长点；进一步落实惠民机制，在民生事业上继续加强合作，加快公共服务共享，推动打造更多教育、医疗、科创、旅游共同体；进一步优化联络机制，加强互动和对接，丰富协作内涵、扩大协作领域、拓展协作空间。

（一）山海协作历史进程

2002年浙江省委省政府部署实施山海协作工程，德清、缙云两地县委县政府高度重视，第一时间结对共建。2002年以来，两地不断丰富协作主体，德清经济开发区和缙云智能装备高新技术产业园正式结对签约，双方携手共建高能级招商平台和一体化招商协同机制。德清全部镇、街道按照工业、旅游、农业等发展方向分类，与缙云各对应乡、镇、街道实现点对点全覆盖式结对，努力在发展路径借鉴和发展优势互补等方面做出贡献。近年来，德清致力于助力缙云乡村振兴事业，建立山海协作工程项目筛选机制，建立共建项目储备库，在产业提升、项目提质、基建提效等领域进行全方位山海协作。自2018年起，两地积极探索乡村振兴示范点共建机制，通过输入德清在乡村振兴工作上的理念、资本和运营机制，大力发展生态农业、民宿经济、物业经济等业态。截至2021年已累计投入乡村振兴示范点建设资金648万元，3个乡村振兴示范点的打造已初见成效，其中岩下村2020年实现游客接待量累计突破20万人次。两地积极探索合作模式，在德清山海协作资金的撬动下，缙云县仁岸村里打造出石头动物园、桥洞咖啡屋等一批网红打卡点，打响了仁岸杨梅、仁岸樱桃等特色农产品品牌，成功创建3A级景区村，2020年实现村集体收入110万元。干部人才交流方面，德清县先后派出处级干部1名、科级干部3名、驻村第一书记1名，以及各类专业技术人才26人到缙云挂职，不断提升协作的精准性、有效性。

　　山海协作工程并非简单的"富帮穷"，而是充分发挥市场的作用，把"山"的资源、劳动力、生态等优势与"海"的资金、技术、人才等优势有机结合，在优势互补、合作共赢中实现互动发展。近年来，缙云民宿业主多次赴德清莫干山民宿集聚区开展学习，同时邀请德清民宿带头人和培训老师到缙云授课。通过"走出去"和"请进来"相结合，截至2021年共培训缙云民宿管家269人次，莫干山民宿先进的经营理念和运作模式在这里得到了彰显，从而有力推动了民宿业的升级，打造了特色旅游业。除此之外，两地发挥旅游资源优势，积极探索两地旅游合作，推出国有景区门票互免政策，联手举办文旅专场推介会，有效助推了两地旅游事业发展。两地还通过开展以"山水德清、黄帝缙云""山海谱情谊翰墨颂党恩"为主题的文艺汇演与书画联展等文化走亲活动，让两地文化领域在"走亲串门"中焕发新活力、实现共繁荣。

随着教育、医疗、科技、文化旅游等民生领域的一项项合作扎实展开，"山"与"海"齐力推的共同富裕成效显著。2020年以来，缙云、德清两地注重平台"共建"、资源"共融"、民生"共享"；"山"与"海"的优势充分发挥，两地在乡村振兴、产业发展、助农增收等领域形成了一批特色亮点项目。通过坚持不懈地打造山海协作升级版，累计推进各类项目205个，到位资金3100万元，两地不仅结下了深厚情谊，更是形成了山海互惠、合作共赢的生动局面。

（二）打造共同富裕建设新时代山海协作升级版

德清社会经济取得了长足发展，在改革创新、经济发展、城乡建设、数字乡村等方面的发展始终走在前列，许多经验做法值得缙云学习。如表3-1所示，德清城市区位优越，是杭州都市区的重要节点县，随着"融入长三角一体化"战略的不断推进，德清县全面深化融杭同城化，带动县域经济发展。缙云县虽然位于浙西南山区，但未来规划深度融入长三角一体化，全方位接轨长三角一体化发展，在推动融入长三角一体化的进程中，还有许多需要向德清县学习的地方。缙云、德清两县户籍总人口差别不大，都为40多万人，但德清县常住人口比缙云县多24.38万人，并且德清县的常住人口城镇化率也高于缙云县。未来缙云县要深入学习德清县吸引外来人口的措施，推动人才引进，促进县域人才建设。同时德清县和缙云县都是浙江省省内旅游景区，莫干山国际旅游度假区、仙都国家风景名胜区都驰名省内外。缙云县要学习德清县打造旅游特色产业，联合谋划一批覆盖两地的精品旅游路线，形成游完莫干山再游鼎湖峰的联动机制，进一步提升两地旅游产业。

表 3-1　　缙云县、德清县基本情况对比

基本情况		缙云县	德清县
地理位置		浙江省南部腹地、丽水地区东北部	浙江北部，杭州都市区的重要节点县
地形		浙江省中南部丘陵山区	西部为山区，中部为丘陵平原，东部为平原水乡
气候		亚热带气候	北亚热带季风气候
行政区划		7个建制镇、8个乡、3个街道办事处，253个行政村	8个建制镇、5个街道
总面积		1503.52平方公里	936平方公里
户籍总人口		2021年末46.79万人	2022年1月44万人
全县常住人口		2021年末40.62万人	2022年1月65万人
常住人口城镇化率		60.8%	63%
旅游特色		仙都国家风景名胜区	莫干山国际旅游度假区、全国生态文明建设示范县
人文特色		黄帝文化、婺剧文化	孟郊、沈约等历史文化名人，防风文化、游子文化等独特地域文化
经济水平		山区26县高质量发展实绩考核第一档	2020年全国县域经济综合竞争力100强
产业特色		生态经济	地理信息产业、旅游民宿业
自然资源	水资源	水资源丰富	水资源总量为6.12亿立方米，人均水资源1632立方米
	矿物资源	非金属矿产极为丰富	总体上能源矿产匮乏，金属矿产短缺

资料来源：缙云县、德清县人民政府官网。

2021年7月，浙江省委书记袁家军在山区26县跨越式高质量发展暨山海协作工程推进会上强调，山区26县能否实现跨越式高质量发展、能否取得标志性成果，事关现代化先行和共同富裕示范区建设全局，要继续加快构建陆海统筹、山海互济的发展新格局，开启山区高质量发展共同富裕新征程。缙云县作为浙江省26个山区加快发展县，要形成山区县加快跨越式高质量发展的缙云路径。两地未来将携手继续建设一批能够促进乡村产业发展的共建项目,切实壮大村集体经济,带动群众增收;谋划推进两地学校"一对一"结对、名师结对培养、线上课堂等机制,携手提升两地整体教育水平;积极利用数字化手段,深入推进两地医疗的"互联网+"合作,让缙云老百姓享受便捷高质量的公共卫生服务;通过高端科研人才互助和科技成果转化共享,提升缙云企业科研能力和市场竞争力。双方进一步拓展协作领域、完善合作平台、深化协作机制,努力实现协作共赢,打造共同富裕,建设新时代德清—缙云山海协作升级版。

二、共同富裕建设比较

2021年6月10日,《中共中央 国务院关于支持浙江高质量发展建设共同富裕示范区的意见》发布,支持鼓励浙江先行探索高质量发展建设共同富裕示范区。浙江省上下正朝着高质量发展建设共同富裕示范区的目标奋力迈进。推进山区26县跨越式高质量发展,是建设共同富裕示范区的重要增量,缙云县提出了打造共同富裕美好社会山区样板的重大战略目标。有必要从共同富裕相关指标角度,对缙云、德清两县进行深度比较,是以探求缙云县现行共同富裕进程与德清县的发展差距。

(一)缙云、德清高质量经济发展水平对比

高质量发展是实现共同富裕的基础保障。近年来,缙云县认真落实中央和省、市系列决策部署,经济实力大幅提升,2016~2020年连

续五年全省 26 县发展实绩考核优秀,全县经济呈现稳中向好的运行态势,在绿色生态发展之路上迈出了坚实的步伐。如表 3-2 所示,缙云县地区生产总值从 2000 年的 21.26 亿元稳步上升至 2020 年的 243.44 亿元,同比增长 11.5 倍。但横向对比德清县经济发展情况,如表 3-3 所示,2020 年德清县地区生产总值达 544.15 亿元,是缙云县的 2.24 倍,这就说明缙云县经济总体发展规模不大,推动经济发展仍然是共同富裕建设的重中之重。

表 3-2　　　　缙云县主要年份生产总值相关经济指标

经济指标		2000 年	2005 年	2010 年	2015 年	2019 年	2020 年
地区生产总值(亿元)		21.26	52.78	102.49	161.98	231.35	243.44
产业增加值(亿元)	第一产业	4.47	5.53	6.68	9.53	11.36	12.04
	第二产业	8.67	29.15	61.23	82.96	104.46	106.70
	其中:工业	6.78	25.39	53.53	67.23	82.64	85.54
	第三产业	8.13	18.11	34.58	69.5	115.53	124.69
三次产业占比		21.0:40.8:38.2	10.5:55.2:34.4	6.5:59.7:33.7	5.9:51.2:42.9	4.9:45.2:49.9	4.9:43.8:51.2
人均 GDP(元/人)		4884	12058	22686	34902	49220	51815

资料来源:历年《缙云统计年鉴》。

表 3-3　　　　德清县主要年份生产总值相关经济指标

经济指标		2000 年	2005 年	2010 年	2015 年	2019 年	2020 年
地区生产总值(亿元)		55.84	119.32	250.74	392.46	536.10	544.15
产业增加值(亿元)	第一产业	7.96	10.93	17.83	20.36	23.37	24.95
	第二产业	33.03	71.68	152.07	230.49	309.91	305.38
	其中:工业	28.59	64.55	14.02	212.43	282.70	278.90
	第三产业	14.85	36.70	80.83	141.61	202.82	213.82
三次产业占比		14.26:59.14:26.60	9.16:60.08:30.76	7.11:60.65:32.24	5.19:58.73:36.08	4.36:57.81:37.83	4.59:56.12:39.29
人均 GDP(元/人)		13191	28116	58414	89808	121085	122787

资料来源:历年《湖州统计年鉴》。

第三产业的发展水平是衡量一个国家或地区生产社会化程度和市场经济发展水平的重要标志。德清县三产结构从 2000 年的 14.26∶59.14∶26.60 变为 2020 年的 4.59∶56.12∶39.29；第一产业占比不断减小，从 2000 年的 14.26 下降到 2020 年的 4.59；德清县支撑 GDP 发展的主要产业为第二产业，近 20 年来所占的比例都高于 50%，2020 年第二产业占比高达 56.12%。缙云县三产结构从 2000 年的 21.0∶40.8∶38.2 变为 2020 年的 4.9∶43.8∶51.2；第一产业占比和德清县一样呈现不断下降的趋势。但与德清县不同的是，缙云县支撑 GDP 发展的主要产业渐渐从第二产业过渡到第三产业，第三产业占比从 2000 年的 38.2% 上升至 2020 年的 51.2%。

人均 GDP 常作为发展经济学中衡量经济发展状况的指标，是最重要的宏观经济指标之一。如图 3-1 所示，2000~2020 年缙云县与德清县人均 GDP 绝对值都不断增长，德清县从 2000 年的 13191 元，上升至 2020 年的 122787 元，增长约 9 倍；而缙云县从 2000 年的 4884 元上升

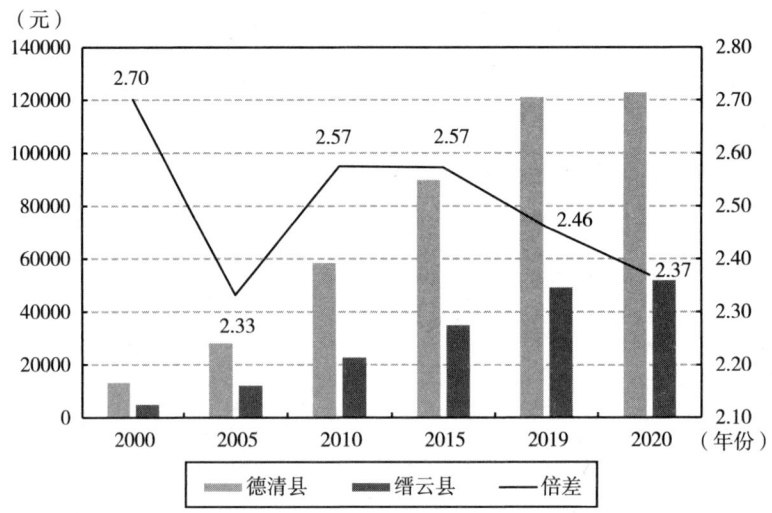

图 3-1　缙云县、德清县主要年份人均 GDP 比较

注：图标所示人均 GDP 按户籍人口计算。

资料来源：历年《缙云统计年鉴》《湖州统计年鉴》。

到 2020 年的 51815 元，增长约 10.6 倍。虽然两县的人均 GDP 绝对值还存在一定差距，但是两县人均 GDP 的倍差不断缩小，从 2000 年的 2.7 缩小到 2020 年的 2.37，缩小了 0.33。

（二）缙云、德清城乡协调发展水平对比

党的十九届五中全会提出，到二〇三五年中等收入群体显著扩大，城乡区域发展差距和居民生活水平差距显著缩小；全体人民共同富裕取得更为明显的实质性进展。缙云县近年来厉行"丽水之干"，加快建设"三城三地"，高质量实施乡村振兴战略，全面促进农业高质高效、乡村宜居宜业、农民富裕富足。截至 2020 年缙云县农村人均可支配收入为 23466 元，是 2005 年（3757 元）的 6.25 倍。如表 3-4 所示，德清县农村人均可支配收入与缙云县的倍差也在逐渐缩小，从 2005 年的 1.99 下降到 2020 年的 1.63。如图 3-2 所示，缙云县城乡居民收入差距进一步缩小，2020 年城乡居民收入比达到 2.04∶1，较上年缩小 0.08，较 2005 年缩小 1.39。但从全省层面看。缙云县城乡收入居民比比浙江省全省水平（1.96）高 0.08，比德清县（1.62）高 0.42。这说明缙云县城乡居民增收的长效机制有待进一步完善，农业现代化水平不高，农业农村改革力度有待加大，农村发展活力有待进一步激发。

表 3-4　缙云县、德清县主要年份城乡居民人均可支配收入比较

年份	缙云县		德清县		农村人均可支配收入倍差
	城市人均可支配收入（元）	农村人均可支配收入（元）	城市人均可支配收入（元）	农村人均可支配收入（元）	
2005	12900	3757	15335	7461	1.99
2010	21275	6678	26016	13575	2.03
2015	32266	14772	42662	24934	1.69
2019	45586	21489	59431	36013	1.68
2020	47774	23466	62225	38357	1.63

资料来源：历年《缙云统计年鉴》《湖州统计年鉴》。

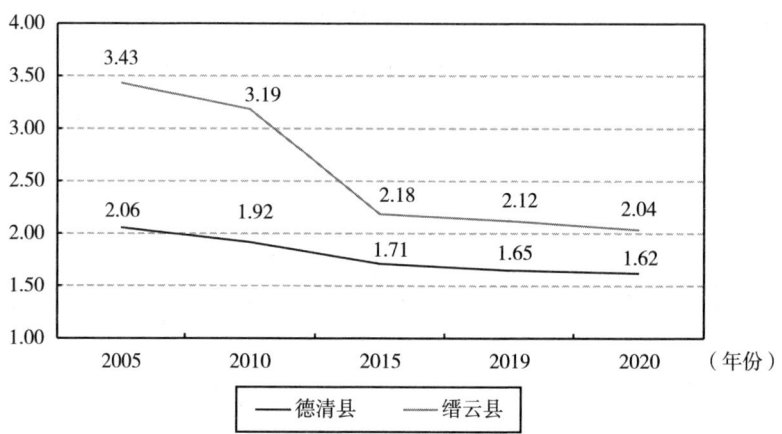

图 3-2 缙云县、德清县主要年份城乡居民人均可支配收入倍差

资料来源：历年《缙云统计年鉴》《湖州统计年鉴》。

（三）缙云、德清两县地方财力比较

在扎实推进共同富裕的进程中，公共财政发挥着资源配置、收入分配、促进经济稳定和发展的职能。地方财政收入是地方政府履行政府职能的物质保障，地方政府的收入规模直接决定了政府支出、地方政府活动的范围和规模，从而对地方经济增长和社会发展有着重要的影响。

1. 缙云、德清财政收入规模比较

财政总收入指国家财政参与社会产品分配所取得的收入，是实现国家职能的财力保证。由中央财政和地方财政收入组成。缙云县、德清县财政收入规模总体情况如表3-5所示。自2005年以来，两县财政收入的绝对规模都增长迅速，缙云县财政总收入从2005年的4.61亿元增长到2020年的27.59亿元，地方财政收入由2005年的2.33亿元增长到2020年的17.25亿元，地方财政收入年均增长率为15.18%；德清县财政总收入从 2005 年的 14.29 亿元增长到 2020 年的 116.20 亿元，地方财政收入由 2005 年的 7.60 亿元增长到 2020 年的 67.10 亿元，地方财政收入年均增长率为 15.74%。从缙云和德清的对比来看，地方财政收入年均增长率相差不大，但是地方财政收入倍差一直保持在三四倍的水平，并且近年来差距不断变大，从 2005 年的 3.26 增长到 2020 年的 3.89。这种现象的主要原因是缙云县作为浙江省 26 个加快发展县之一，发展程度低于全省平均水平，经济总量不大，经济发展质量有待提高。

表 3-5　　2005~2020 年缙云、德清两县财政收入情况

年份	缙云县			德清县			德清、缙云地方财政收入倍差
	财政总收入（亿元）	地方财政收入（亿元）	地方财政收入增长率（%）	财政总收入（亿元）	地方财政收入（亿元）	地方财政收入增长率（%）	
2005	4.61	2.33	24.09	14.29	7.60	20.40	3.26
2006	6.01	2.85	22.32	17.32	9.30	22.30	3.26
2007	7.84	3.84	34.74	21.45	11.15	20.00	2.90
2008	9.01	4.27	11.20	25.76	13.47	20.80	3.15
2009	9.01	4.45	4.22	28.38	14.82	10.00	3.33
2010	10.10	5.14	15.48	34.50	18.60	25.50	3.62
2011	13.32	6.62	28.95	44.20	23.40	25.80	3.53
2012	14.55	7.44	12.36	50.90	27.20	16.20	3.66
2013	15.74	8.70	16.90	55.70	31.00	13.90	3.56
2014	17.04	9.49	9.08	61.30	33.70	8.80	3.55
2015	17.95	11.01	16.03	66.60	37.40	6.10	3.40
2016	18.36	12.15	10.38	72.80	42.00	11.90	3.46
2017	20.09	13.05	7.42	83.70	48.70	15.50	3.73
2018	24.68	15.34	17.54	100.80	59.10	21.50	3.85
2019	25.99	16.65	8.51	113.10	65.70	11.00	3.95
2020	27.59	17.25	3.64	116.20	67.10	2.20	3.89

注：地方财政收入为本级收入，未包含转移性收入。

资料来源：历年《缙云统计年鉴》《湖州统计年鉴》。

2. 缙云、德清地方收入结构分析

我国地方一般公共预算收入包括税收收入、非税收入和转移性收入。图3-3显示了2020年缙云县和德清县地方一般公共预算收入（未包含转移性收入）的主要构成。缙云县和德清县2020年非税收入差距较小，为2.48倍；税收收入倍差为4.21，其中增值税、企业所得税和个人所得税收入倍差较大，分别为4.86、6.09和11.6。

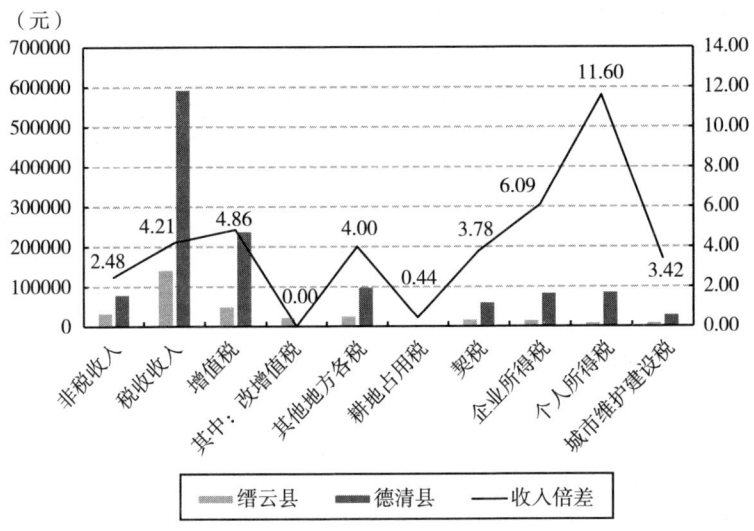

图3-3　2020年缙云县、德清县一般公共预算收入结构比较
资料来源：历年《缙云统计年鉴》《湖州统计年鉴》。

3. 缙云、德清财政支出规模

地方财政支出是地方政府为了履行政府职能，执行地方公共政策的成本。地方政府支出包括地方一般公共预算支出、地方社会保险基金支出、地方性政府基金支出和地方国有资本经营支出。其中，地方一般公共预算支出简称地方财政支出，是地方政府支出最重要的内容，因此，比较主要考察地方一般公共预算支出及其主要项目。

根据图3-4所示，缙云县、德清县2000~2020年一般公共预算支出绝对规模都增长迅速。缙云县从2000年的18448万元增长到2020年的656728万元；德清县从2000年的23443万元增长到2020年的782193万元。两县一般公共预算支出差距呈现不断变化的趋势，从2000年的1.27扩大到2006年的1.69，之后缩减至2010年的1.45，2010年后开始增大，到2015年为1.6，2015年后又呈现下降趋势，2020年达到20年来最低水平的1.19。

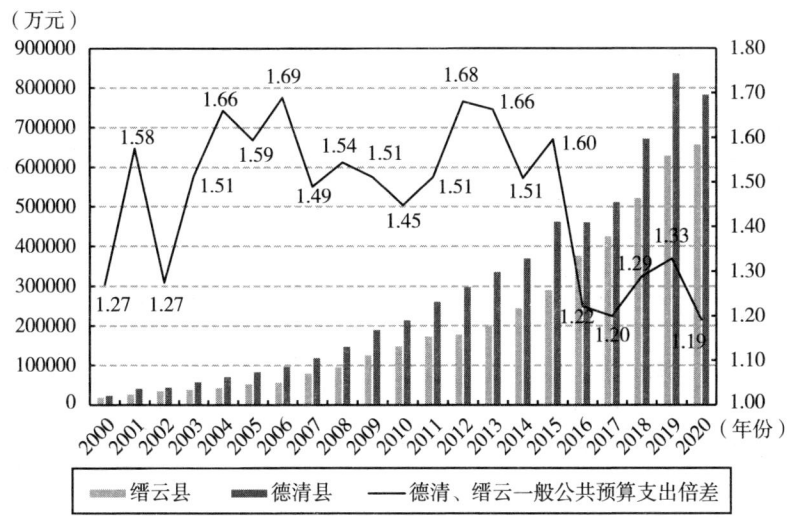

图3-4　2000~2020年缙云、德清一般公共预算支出规模比较

资料来源：历年《缙云统计年鉴》《湖州统计年鉴》。

4. 缙云、德清财政支出构成

地方政府支出按政府职能可以分为25项，对缙云县、德清县主要年份一般公共预算支出项目前五位进行排序，得出表3-6、表3-7的结论。综合两表结果可知，不同地区县级政府财政投入重点有所差异。缙云县财政支出2010年到2015年前三位支出并未发生变化，第四、第五位从交通运输、公共安全变为社会保障和就业、卫生健康；而德清县前三位支出从一般公共服务支出、教育、资源勘探电力信息等事务变为教育、农林水事务、一般公共服务支出，第四、第五位从医疗卫生、公共安全转变为医疗卫生与计划生育、社会保障和就业。2020年缙云县社会保障和就业支出增加变为第二位，农林水事务下降为第四位；德清县第二位为一般公共服务支出，第四位同样为农林水事务。但是，不同地区县级政府财政投入也有共同点：（1）两县财政最重要的支出项目都为教育支出，这说明教育一直以来是县级政府的财政投入重点；（2）县级财政投入项目的排序虽然不同，但支出重点都是民生领域，主要为教育、农林水事务、社会保障和就业、一般公共服务支出、卫生健康这几大类。

表 3-6 缙云县主要年份一般公共预算支出项目前五位排序

排序	2010 年	2015 年	2020 年
1	教育	教育	教育
2	农林水事务	农林水事务	社会保障和就业
3	一般公共服务支出	一般公共服务支出	其他支出
4	交通运输	社会保障和就业	农林水事务
5	公共安全	卫生健康	卫生健康

资料来源：《缙云统计年鉴2020》。

表 3-7 德清县主要年份一般公共预算支出项目前五位排序

排序	2010 年	2015 年	2020 年
1	一般公共服务支出	教育	教育
2	教育	农林水事务	一般公共服务支出
3	资源勘探电力信息等事务	一般公共服务支出	交通运输
4	医疗卫生	医疗卫生与计划生育	农林水事务
5	公共安全	社会保障和就业	社会保障和就业

资料来源：相关年份《湖州统计年鉴》。

5. 缙云、德清财政转移性支付

转移支付收入是地方政府财政收入的主要来源，尤其在分税制财政体制下，转移支付收入对于弥补纵向财政不平衡、平衡地区差异具有非常重要的作用。转移性支付收入是转移性收入的重要组成部分，包括一般性转移支付和专项转移支付。浙江省自1953年以来一直延续省管县的财政体制，推动了城乡经济社会的统筹发展、区域经济的均衡发展和基本公共服务均等化的实现。浙江省一直以来注重对26个加快发展县的支持，转移支付金额逐年上升。如表3-8所示，缙云县上级转移支付收入不断增加，从2011年的110653万元上升到2020年的327255万元，转移支付收入占地方财政收入的比例变化不大，2011年为62.56%，2020年只增加了2.92%，为65.48%。德清县转移支付收入占地方财政收入的比例远小于缙云县，2020年为23.92%，相比德清县少41.56%。对比缙云县、德清县上级转移性补助收入绝对值的差距，自2011年总体呈现不断缩小的趋势，从2011年的2.25下降至2018年的1.06，但2019年开始又呈现上升的态势。缙云县要合理利用政府转移支付，发挥财政的积极作用。

表3-8　2011~2020年缙云县、德清县财政转移性支付收入情况

年份	缙云县		德清县		缙云县、德清县上级转移性补助收入比
	上级转移性补助收入（万元）	转移支付收入占地方财政收入的比例（%）	上级转移性补助收入（万元）	转移支付收入占地方财政收入的比例（%）	
2011	110653	62.56	49224	17.38	2.25
2012	127666	63.18	59757	18.01	2.14
2013	142699	62.13	65500	17.44	2.18
2014	149962	61.25	34487	9.28	4.35
2015	177761	61.76	66115	15.02	2.69
2016	196403	61.78	123842	22.77	1.59
2017	236876	64.47	142911	22.69	1.66
2018	241996	61.20	229294	27.95	1.06
2019	304661	64.67	239958	26.75	1.27
2020	327255	65.48	210911	23.92	1.55

资料来源：根据2011~2020年缙云县、德清县财政预算、决算报告等数据整理。

（四）共同富裕下缙云、德清两县公共服务的比较

公共服务优质共享，是群众最关心、最期盼的领域，也是推进共同富裕的重点难点。通过分析比较缙云、德清两县在教育、医疗、科技创新、文化、旅游和体育事业等公共服务方面的差距，力求推动缙云县在更高水平上实现幼有所育、学有所教、劳有所得、病有所医、老有所养、住有所居、弱有所扶。

1. 缙云、德清两县地方教育发展水平

地方一般公共预算教育支出反映了地方政府通过一般公共预算账户投入教育领域的财政支出，是衡量地方政府教育投入的重要指标。如图3-5所示，两县2010~2020年地方财政教育支出绝对规模增长迅速。缙云县地方教育支出从2010年的38829万元增长到2020年的

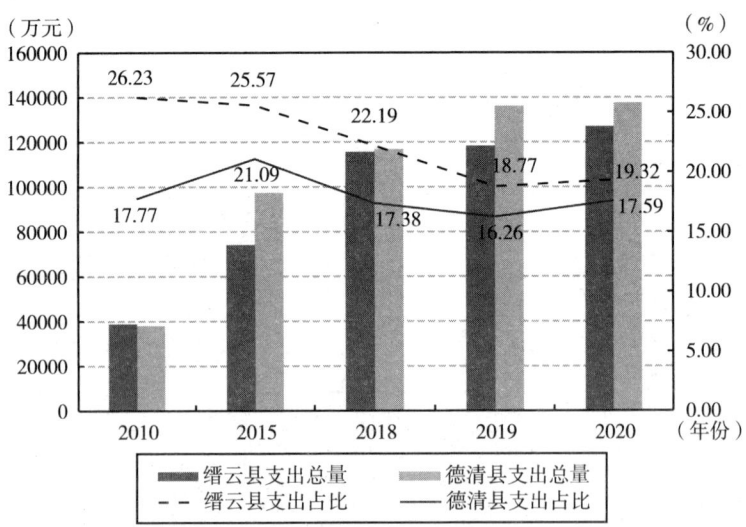

图3-5 2010~2020年缙云县、德清县主要年份地方教育支出

资料来源：历年《缙云统计年鉴》《湖州统计年鉴》。

126895万元；德清县从2010年的38085万元到2020年的137570万元。从教育支出占财政支出的比重来看，缙云县教育支出占财政支出的比例一直高于德清县，2010年高于德清县8.46%，根据图3-5所示，两地的差距不断缩小，2020年仅高于德清县1.73%。

如表3-9所示，从学段与规模维度来看，缙云县和德清县幼儿园在园人数、义务教育在校生数、高中段在校生数方面差距不大，主要差距在从业人员继续教育人数，2020年德清县为11.80万人，高于缙云县8.80万人。德清县职业教育紧紧围绕创建省教育现代化县这个中心，以"省中职教育现代化建设工程""市职业教育六项行动计划"为载体，系统谋划，开拓进取，推动职业教育改革创新，取得了显著成效。德清县自2011年成为浙江省"中职学校深化工学结合、校企合作改革试点"地区以来，探索和形成了德清县职业教育校企合作"七大模式"和"三大保障体系"，出台了《德清县促进职业教育校企合作工作实施办法》。县财政每年安排100万元作为职业教育校企合作专项资金，用于资助校企合作项目、奖励先进单位与个人。受惠面不断扩大，近几年相继成立了湖州农民学院德清分院、新居民培训学校、浙江老年开放大学德清学院，建立了德清县农民专家讲师团、新型农民培训资源库和职成社教联合体，各职业院校成立培训中心，真正实现了职业教育、成人教育、社区教育资源共享。德清县成为第一批国家级农村职业教育和成人教育示范县，缙云县未来要继续加强和德清县的合作，推动职业教育发展。

表3-9　2020年缙云县、德清县共同富裕教育相关指标比较

维度	主要指标	缙云县	德清县
学段与规模	幼儿园在园人数（万人）	1.35	1.53
	义务教育在校生数（万人）	4.39	3.96
	高中段在校生数（万人）	1.34	1.20
	从业人员继续教育（万人）	3.00	11.80

续表

维度	主要指标		缙云县	德清县
公平与均衡	义务教育校际优质均衡系数	小学段	0.47	0.215
		初中段	0.22	0.217
	适龄持证残疾儿童、少年入学率（%）	学前段	92.85	93.10
		义务段	100.00	98.10
		高中段	85.00	80.50
普及与质量	学前教育毛入园率（%）		98.26	100.00
	初中毕业生升入高中段比例（%）		99.00	99.00
	高等教育毛入学率（%）		55.11	63.00
	儿童预期受教育年限（年）		14.82	14.86
	劳动年龄人口平均受教育年限（年）		10.90	10.30
	学校教师中研究生学历（含硕士学位）的比例（%）	初中	0.70	2.10
		普通高中	7.70	9.00
	职业院校"双师型"教师占专业课教师比例（%）	中职	84.35	87.00
	儿童青少年总体近视率（%）		54.71	55.76

资料来源：缙云县、德清县教育事业发展"十四五"规划。

从公平与均衡维度来看，德清县小学段义务教育校际优质均衡系数为0.215，比缙云县低0.255；德清县初中段义务教育校际优质均衡系数为0.217，低于缙云县0.003。这说明看缙云县与德清县在义务教育校际优质均衡小学段差距还较大。在适龄持证残疾儿童少年入学率方面，缙云县学前段为92.85%，略低于德清县（93.10%）；义务段（100.00%）高于德清（98.10%）；高中段（85.00%）高于德清县（80.50%）。从普及与质量来看，学前教育毛入园率、初中毕业生升入高中段比例、儿童预期受教育年限缙云县都略低于德清县，但总体差距不大。

从普及与质量维度来看，缙云县与德清县在师资力量方面差距较大，初中学校教师中研究生学历（含硕士学位）的比例（0.70%）远低于德清县（2.10%）；普通高中学校教师中研究生学历（含硕士学位)的比例(7.70%)低于德清县(9.00%);中职职业院校"双师型"教师占专业课教师比例(84.35%)低于德清县(87.00%)。近年来德清县面对教育资源出现的"城镇挤、乡村空",农村教育出现生源流失、师资队伍相对薄弱、教育数字化手段不丰富等问题,提出建立"理念共享、资源共用、优势互补、合作共进"的城乡教育共同体协作机制。异地的师生通过同步课堂、教师网络研修、名师网络课堂等形式,充分挖掘和整合学校优质教育资源,取长补短,携手并进。缙云县未来要学习德清县经验,加强教育共同体的建设,实现教育教学资源优质共享。

2. 缙云、德清两县地方卫生健康发展水平

人民健康是民族昌盛和国家富强的重要标志。加快提高卫生健康供给质量和服务水平,是适应社会主要矛盾变化,满足人民美好生活需求的要求,是实现经济社会更高质量、更有效率、更加公平、更可持续、更为安全发展的基础。缙云县、德清县近年来不断增加地方财政卫生健康支出,缙云县卫生健康支出从2010年的9688万元提高到2020年的70532万元;德清县卫生健康支出从2010年的16173万元提高到2020年的63072万元。如图3-6所示,缙云县医疗卫生支出占财政支出比例自2015年起就高于德清县,2020年达到10.74%,高于德清县8.06%的水平。共同富裕建设下,不仅要加大卫生健康领域的支出,更要用好财政资金。2022年德清县提出基层医疗机构免"挂号费"就医项目,根据方案,参加德清县职工医保、城乡居民医保的基本医疗保险参保人员,持社会保障卡或医保电子凭证在县卫生院(社区卫生服务中心)、卫生室(社区卫生服务站)等基层医疗机构就医时,普通门诊一般诊疗费在经统筹基金、个人账户、公补资金、医疗救助及各类救助报销之后,个人现金自负部分由县财政承担,其中急诊、专家门诊等除外。截至 2022 年，项目已在 12 家卫生院（社区卫生服务中心）和 134 个村卫生室（社区卫生服务站）展开，实现了全县基层医疗机构全覆盖。该项目的实施有利于基层医疗资源的充分利用，在推进分级诊疗制度的同时，助推县域医共体的建设。

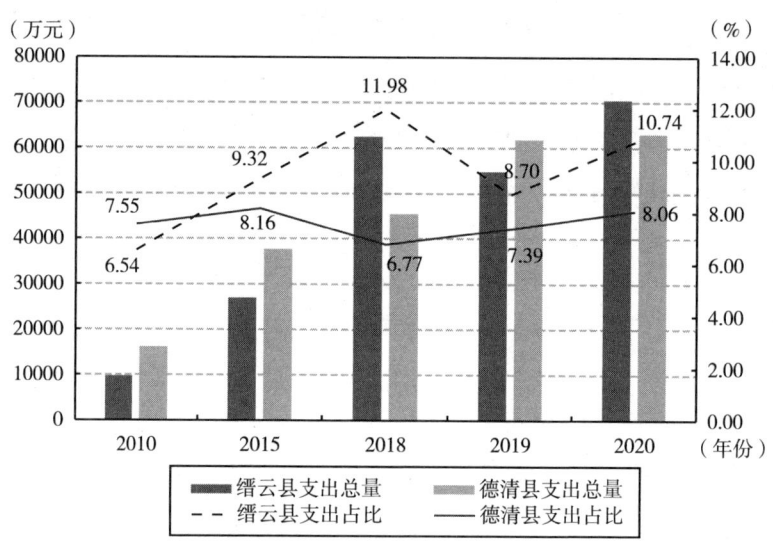

图 3-6　缙云县、德清县主要年份地方卫生健康支出
资料来源：历年《缙云统计年鉴》《湖州统计年鉴》。

如表 3-10 所示，从医疗资源配置维度来看，缙云县社会卫生单位数多于德清县，但总体差距不大，2020 年缙云县卫生院为 15 个，医院为 11 家，县（区）卫生所、医务室为 165 个；德清县卫生院为 18 个，医院为 9 家，县（区）卫生所、医务室为 96 个。但缙云县卫生技术人员与德清县还有一定差距，2020 年缙云县每千人口卫生技术人员为 6.78，低于德清县 1.56。缙云县卫生机构床位数与德清县差距不大，但从每千人医疗机构床位数来看，缙云县为 5.9，好于德清县 4.92 的建设水平。

从健康水平指标维度来看，人均期望寿命可以反映出一个社会生活质量的高低。是一个综合指标，反映了一个地区当前的医疗保健投入、经济发展情况等，可以用来横向比较，因此成为联合国人类发展指数的重要评价指标之一。2020年缙云县人均期望寿命为79.85岁，德清县为83.04岁，这说明总体卫生健康发展水平缙云县还与德清县有一定距离。德清县自2018年推出60岁以上老年人流感疫苗免费接种与高血压、糖尿病基础药物免费使用项目以来，已分别有16.18万人次和1.83万人次受惠，每年接种率均达50%以上，老年人慢性疾病直接门诊和住院总费用分别下降21.18%和36.3%，老年人呼吸道疾病住院率下降40%，血压控制率、血糖控制率分别提升22%和12%，心脑血管疾病发病率下降14.47%，心脑血管医疗费用年增幅从13.22%下降到4.77%。

从服务保障维度来看，随着老龄化问题的严重，强化老年健康服务体系建设是现行卫生健康工作的工作重点。缙云县2020年每万老年人拥有持证养老护理员数为20人，德清县为13人，未来缙云要继续加大养老事业的建设。

表3-10　2020年缙云县、德清县共同富裕医疗卫生相关指标比较

维度	指标	单位	缙云县	德清县
医疗资源配置	一、全社会卫生单位数	个	292	272
	卫生院	个	15	18
	医院	家	11	9
	县（区）卫生所、医务室	个	165	96
	二、卫生技术人员	人	2747	3695
	执业医师	人	1041	1193
	注册护士	人	1036	1387
	每千人口卫生技术人员	人	6.78	8.34
	三、卫生机构床位数	张	2112	2192
	每千人医疗机构床位数	人	5.9	4.92
健康水平指标	四、人均期望寿命	年	79.85	83.04
服务保障	五、每万老年人拥有持证养老护理员数	人	20	13

资料来源：《缙云县国民经济和社会发展第十四个五年规划和二〇三五年远景目标纲要》《德清县国民经济和社会发展第十四个五年规划和二〇三五年远景目标纲要》。

3. 缙云、德清两县地方科技创新发展水平

在浙江奔向共同富裕之路上，积极探索欠发达地区跨越式发展新路径、推动山区26县跨越式高质量发展是重要课题。缙云县作为丽水地区工业重镇，一直将科技创新作为第一生产力，近年来财政科技投入不断增加，从2010年的2915万元增长到2020年的14200万元。如图3-7所示，缙云县财政科技创新支出不管是从支出总量还是占财政总支出的占比都与德清县有较大差距；2020年德清县科技支出为38744万元，是缙云县的2.7倍，2020年德清县科技支出占财政支出比例为4.95%，缙云县比德清县低2.79%。

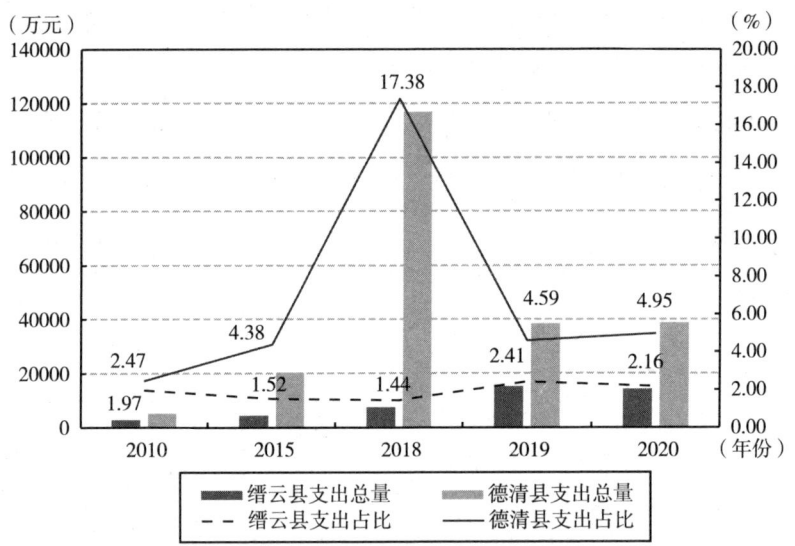

图3-7　缙云县、德清县主要年份地方科技支出

资料来源：历年《缙云统计年鉴》《湖州统计年鉴》。

缙云县县域科技创新水平不断提升，县域创新指数从2015年的全省第85名跃升至2020年的全省第40名，晋升全省第二梯队，山区26县第一。如表3-11所示，2020年缙云县新增专利申请受理3043件，新增专利申请授权量 1823 件。德清县专利申请、授权数量都远超缙云县，2020 年新增专利申请受理 6780 件，是缙云县的 2.22 倍；新增专利申请授权量 4227 件，是缙云县的 2.31 倍。德清县 2020 年全社会 R&D 经费支出占 GDP 比重达 3.34%，居全省县域第二、全市第一，高于缙云县 0.64；德清县每万名就业人员中研发人员数 218.03 人/年，为缙云县的 2 倍；每万人高价值发明专利拥有量 10.9 件，超出缙云县 2.33。从科技创新相关指标来看，缙云县与德清县不管从专利数量、R&D 经费占比还是研究人才来看都有一定差距，未来要加大科技财政支出，拉动县域创新能力，推动经济增长。

表 3-11　2020 年缙云县、德清县共同富裕科技创新相关指标比较

指标	单位	缙云县	德清县
本年新增专利申请受理	件	3043	6780
发明	件	706	2554
实用新型	件	1471	3699
外观设计	件	866	527
本年新增专利申请授权量	件	1823	4227
发明	件	76	312
实用新型	件	925	3355
外观设计	件	822	561
全社会 R&D 经费支出占地区生产总值比重	%	2.7	3.34
每万名就业人员中研发人员数	人/年	106.6	218.03
每万人高价值发明专利拥有量	件	8.57	10.9
高新技术产业增加值占规上工业增加值比重	%	54.1	64.2

资料来源：历年《缙云统计年鉴》《湖州统计年鉴》。

4. 缙云、德清两县的文化、旅游和体育事业

文化、旅游和体育作为重要的幸福产业，对满足人民美好生活的精神需求，推进国民经济和社会发展有着极其重要的意义。如图 3-8

所示，近年来，缙云县文化旅游体育与传媒支出绝对值不断增加，从 2010 年的 2767 万元上升至 2020 年的 15749 万元；文化旅游体育与传媒支出占财政支出比例从 2010 年的 1.87% 上升至 2020 年的 2.40%，与德清县的差距也不断缩小，从 2010 年的 3.65% 下降到 0.24%。

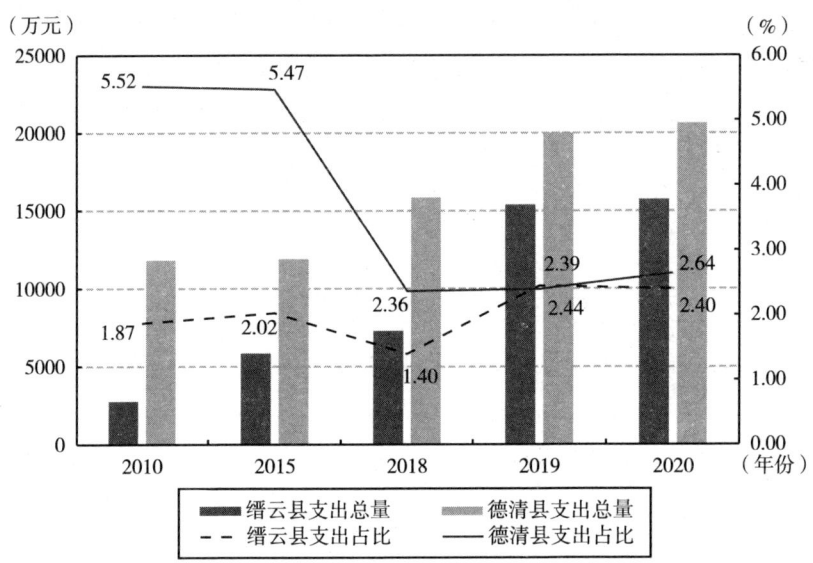

图 3-8 缙云县、德清县主要年份地方文化旅游体育与传媒支出

资料来源：历年《缙云统计年鉴》《湖州统计年鉴》。

如表 3-12 所示，近年来，基层公共文体设施更加完善，缙云县 2020 年共有图书馆 23 个，其中公共图书馆 1 个、文化馆 1 个、文化站 18 个、博物馆（纪念馆）2 个、文物保护管理机构 1 个；德清县 2020 年共有图书馆 24 个，其中公共图书馆 1 个、文化馆 1 个、文化站 15 个、博物馆（纪念馆）6 个、文物保护管理机构 1 个，两县基础文化设施差距不大。体育层面，缙云县县级公共体育场地设施相对滞后，公共体育场馆数量不足，2020 年人均体育场地面积为 2.68 平方米，不能很好地满足人们多样化的体育健身需求。

表 3-12　2020 年缙云县、德清县共同富裕文化、体育相关指标比较

指标	单位	缙云县	德清县
一、图书馆情况	个	23	24
公共图书馆	个	1	1
文化馆	个	1	1
文化站	个	18	15
博物馆（纪念馆）	个	2	6
文物保护管理机构	个	1	1
二、图书馆藏书量	万册	53.57	52
三、人均体育场地面积	平方米	2.68	3.40

资料来源：历年《缙云统计年鉴》《湖州统计年鉴》。

自 2013 年试点以来，德清县各镇（街道）和各部门紧紧围绕"文化礼堂、精神家园"的目标定位，发挥优势、突出特色，因地制宜地推进农村文化礼堂建设，取得了积极进展和突出成效。截至 2020 年，德清县共建成文化礼堂 137 家，实现县域农村文化礼堂全覆盖。全县农村文化礼堂共开展各类活动 1905 场次，送书进礼堂 12779 册次，成为村民的文化涵养地。2016 年，德清县以创建"第三批全国社区治理和服务创新实验区"为契机，整合了便民服务中心、养老服务照料中心、文化礼堂等场所，探索建设幸福邻里中心，为村民打造"一公里服务圈"。截至 2021 年，德清县已建成幸福邻里中心 55 家，在家门口为群众提供公共服务，让群众真真切切感受到共同富裕在精神文化上也能看得见、摸得着、享受得到。

如表 3-13 所示，2015~2020 年缙云县旅游总收入由 82.3 亿元增长到 143.05 亿元，2020 年旅游产业增加值占 GDP 的比重为 6%，游客总人数由 1534.88 万人次增长到 1415.7 万人次；2015~2020 年缙云县旅游总收入由 178 亿元增长到 330.54 亿元，2020 年实现旅游产业增加值 43.02 亿元，占 GDP 比重达 7.91%，游客总人数由 1744.56 万人次增长到 2214.7 万人次。缙云县文化产业目前仍以传统产业为主，文化产品创新和自主品牌培育能力有待加强，对外吸引力不强。缙云县接

待入境游客由 2015 年的 0.06 万人次增长到 2019 年的 0.12 万人次,但入境游客数量还是远少于德清县,2019 年差距达 14.18 万人。

表 3-13　2020 年缙云县、德清县共同富裕旅游相关指标比较

旅游业		缙云县		德清县	
		2015 年	2020 年	2015 年	2020 年
规模指标	旅游接待总人数（万人次）	1534.88	1415.70	1744.56	2214.70
	其中：接待入境游客	0.06	0.12	11.32	14.30
效益指标	旅游总收入	82.30	143.05	178.00	330.54
	旅游业增加值占地区生产总值比重（%）	—	6	—	7.90

注：2020 年接待入境游客统计口径变更,故选取 2019 年数据。
资料来源：历年《缙云统计年鉴》《湖州统计年鉴》。

（五）缙云、德清两县生态环境建设

缙云县坚持以"两山"理论和"八八战略"为引领,坚持走生态文明道路,全力发展绿色经济,奋力开辟"绿水青山就是金山银山"新境界,生态环境质量持续改善。如图 3-9 所示,近年来德清、缙云

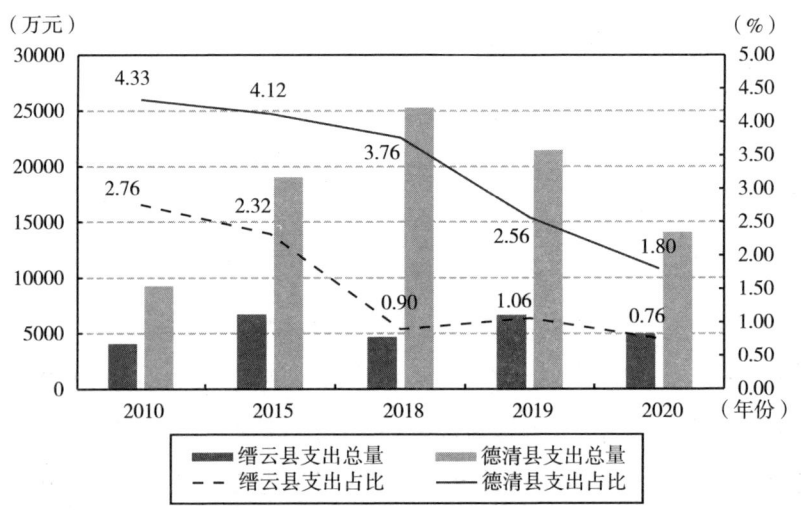

图 3-9　缙云县、德清县主要年份环境保护支出
资料来源：历年《缙云统计年鉴》《湖州统计年鉴》。

两县节能环保支出占财政支出的比例不断下降，从2010年的4.33%、2.76%下降至2020年的1.8%、0.76%。缙云县作为国家级生态县、全国生态文明建设典范城市、省级生态文明建设示范县、浙江省"第一批清新空气示范区"，具有得天独厚的环境优势，努力打造高质量绿色发展县域样板。

如表3-14所示，缙云县生态环境质量持续改善提升，2020年城区PM2.5均值下降至22微克/立方米，与2015年相比下降48.8%，空气质量优良率达100%；全县地表水、集中式饮用水源、交接断面水质达标率保持在100%的水平；全县森林覆盖率提升至79.39%，林木蓄积量达700.2万立方米。德清县2020年空气质量6项指标首次全部达标，细颗粒物（PM2.5）年均浓度降至26微克/立方米，环境空气质量优良率提升至91.8%，较2015年分别下降51.9%和提高23.2%。全县16个县控以上断面Ⅰ~Ⅲ类水质比例、饮用水水源地水质达标率、出境断面水质达标率均稳定保持在100%的水平，全县森林覆盖率提升至42.65%，林木蓄积量达97.3万立方米。缙云县未来立足"生态是最大优势"的基本县情，进一步加强生态文明建设，生态环境质量巩固提升，构建现代生态环境治理体系。

表3-14 2020年缙云县、德清县共同富裕全域美丽建设相关指标比较

全域美丽建设		缙云县		德清县	
		2015年	2020年	2015年	2020年
细颗粒物（PM2.5）浓度（μg/m³）		39	22	54	26
空气质量指数优良天数比率（%）		91.2	100	69.3	91.8
Ⅰ~Ⅲ类水质断面比例（%）		100	100	82.3	100
地表水出境断面水质达标率（%）		83.3	100	100	100
县级以上城市集中式饮用水水源地水质达标率（%）		100	100	100	100
森林增长	林木蓄积量（万立方米）	570	700.2	68.2	97.3
	森林覆盖率（%）	73.9	79.39	49	42.65

资料来源：历年《缙云统计年鉴》《湖州统计年鉴》。

三、共同富裕视角下的经验借鉴

德清县以"八八战略"为总纲,深化实施"改革创新、接沪融杭"战略,形成"停不下来改革"的德清经验,铸就数字驱动转型的德清动能。多年来,德清县走创新驱动之路,创新已经成为加速德清县经济转型升级的重要推动力,也为德清县共同富裕提供了坚实可靠、稳定增长的物质基础。德清县扎实推进城乡融合发展、实现共同富裕,成为全省城乡居民收入比最低的县市之一,树立城乡融合一体的德清标杆。同时,德清县大力推进数字乡村建设,以数字技术激发乡村发展内生活力、以数字孪生赋能乡村治理高效协同,2022年荣获数字乡村指数全国百强县域榜单第一名。本部分从科技创新、城乡有机融合、数字化改革三方面归纳总结德清县共同富裕事业建设的经验,为缙云县共同富裕事业的发展提供了借鉴。

(一)提高科技创新能力,为共同富裕建设提供源动力

多年来,德清县坚持走创新驱动之路,形成了产学研一体的科技创新德清模式,发展地理信息产业,形成高端装备制造、生物医药、绿色家居三个百亿级产业集群,打造国家新一代人工智能创新发展试验区,创新已经成为德清县经济转型升级的重要推动力。学习德清县发展经验,缙云县要加强企业创新主体地位,健全协同创新体系,集聚多维创新资源,打造全梯度人才链,不断提高县域创新能力,为共同富裕事业的建设提供源动力。

1. 加强企业创新主体地位，健全协同创新体系

德清县通过提高政策扶持力度激励企业加大研发投入，2020年德清县R&D经费占GDP比重达3.34%，列全省县域第二。德清县深入实施"研发经费增投年"行动，发挥政策叠加、放大效应，以真金白银激励引导企业加大研发投入。围绕科技企业初创、成长、发展三个阶段，加强源头引进、初期培育、发展扶持，不断发展壮大创新"主力军"。德清县持续实施科技型企业梯次培育行动，不断完善"科技型中小企业—高新技术企业—创新型领军企业"梯次培育体系，推动高新技术企业扩容提质，切实提高省创新型领军企业在全县产业和行业发展中的示范带动作用。缙云县要提升科技创新能力，一方面政府要不断提高地方财政科技投入，提高R&D经费占GDP比重，发挥财政资金撬动作用，引导企业加大研发投入。另一方面，缙云县未来要加快建设以企业为主体的技术创新体系，大力培养企业创新主体，做大高新技术企业群体，培育创新"领雁"型企业，深入强化产学研协同创新，从产业转型发展的角度，系统提升各类主体的创新能力、创新活力、创新实力，使创新成果转化为实实在在的产业能力。

2. 集聚多维创新资源，打造全梯度人才链

德清县科技创新能力的提高离不开人才。人才是科技创新的第一资源。德清县推出"才聚德清"引才、"德清英才"培育等人才政策，深化人才发展体制机制改革，充分赋予人才"引、育、留、用、管"的自主权，推动德清人才治理体系、政策体系、平台体系、生态体系迭代升级，打造具有国际竞争力的人才制度优势。不断发挥高校人才蓄水池作用，持续深化与浙江工业大学的校地合作，构建"环浙工大知识经济圈"。在湖州市率先启用人才码，实现人才申报、政策兑现、生活服务"一码通办",为企业和人才减负赋能。未来缙云县要学习德清经验,开展多层级的人才团队建设,不断完善科技创新人才发现、培养、激励机制,形成"用好现有人才、引进急需人才、稳定关键人才、培养未来人才"的引才聚才、育才用才的良性循环。同时,学习德清发挥高校人才蓄水池作用,深化校企合作模式,实践产教融合,培养科技人才。不仅要强化多渠道的人才引入机制,同时要做好人才保障工作,既要请的来人又要留得住人。

(二)推动城乡融合发展,提高农民收入,加快共同富裕建设

德清县持之以恒推进"千万工程",在规划布局、要素配置、产业发展、基础设施、公共服务等方面较好实现城乡有机融合和共同发展,农村宅基地制度改革打破了城乡要素壁垒,电子商务业的发展也带动了农民收入的增加,2020年城乡收入比降至1.62∶1,位列全省县域第五。缙云县要促进城乡融合发展,缩小城乡差距,一方面要打破城乡要素壁垒,促进要素流动,为进一步缩小城乡差距提供新动力;另一方面,推进乡村产业高质高效发展,提高农民收入。

1. 打破城乡要素壁垒

德清县出台了全国第一个基于"三权分置"的宅基地管理办法。作为全国第一轮33个农村土地制度改革试点之一,德清县通过"理清一户一宅、保障户户有宅、管好宅宅法定、创新显化物权",不断夯实宅基地管理基础,探索创新显化宅基地和农房财产性权益,并出台全国第一个基于"三权分置"的宅基地管理办法。2020年德清县以全国新一轮农村宅基地制度改革为契机,再次围绕农村宅基地"三权分置"

攻坚破难。随着山林田地、宅基地、房屋等"死权"变"活钱",农民拥有了创业创新的资本,去追逐现代农业和乡村旅游业的脚步。缙云县要扎实推进农村集成改革,极力增强农民增收动能。首先,推进宅基地管理,落实乡镇宅基地审批管理责任。抓好农村土地"三权分置",加快推进农用地流转,发展规模化、集约化、高质高效的现代农业。推进宅基地所有权、资格权、使用权"三权分置"改革,适度放活宅基地使用权,激活农村闲置宅基地和农房,为社会资本和人才下乡发展乡村旅游、民宿、创意、文化等多元化业态发展创造条件。其次,积极探索建立宅基地流转和自愿有偿退出机制,健全"依法公平取得、节约集约使用、自愿有偿退出"的宅基地管理制度,实现宅基地自愿有偿退出。加强农村宅基地管理,健全市县主导、乡镇主责、村级主体的宅基地管理体制。

2. 电子商务推动农村共同富裕

2015年德清县人民政府与阿里巴巴签订了"千县万村"计划合作协议。2020年德清县已建成农村电子商务服务站580多个,构建了农产品进城和农资及消费品下乡的双向流通体系。近年来,德清县抢抓"互联网+"发展新机遇,把发展电子商务作为推动新旧动能转换、乡村振兴的重要抓手,电商发展迅速,形成了德清县电业商务行业的扎实基础和独特优势。德清县建立起完善的县镇村三级物流体系,优先利用村邮站、农村超市、农村淘宝、农村电商服务点、旅游集散中心等现有场地,主要快递品牌平均进村率达90.36%。缙云县要优化全县电子商务政策、运营、服务、生态体系,推动行政村宽带网络、电子商务、物流快递基本覆盖,让电子商务与经济社会、生产生活融合更加紧密。

同时,德清县打造特色农产品,着重打造"德清嫂""德清鱼"

"莫干黄芽"等区域公用品牌,构建"1+5+N"的农业品牌新体系。电商人才也是发展农村电商的重要资源。截至2021年,德清县累计培训电商人才1.1万余人次,引进培育农村双创实用人才1500余人,培育农村电商从业人员550余人,农村电商"双创示范点"10个。缙云县未来将重点支持顺联动力等有缙云特色的共享社交电商平台发展,实现供货商、创业者及消费者三方共赢;着力扶持浙江脚急等本地共享平台发展壮大,创新共享经济模式,将城镇生活服务和城镇特色游戏业务有机融合,打造具有城镇区域特色的生活服务类企业解决方案提供商,带动缙云共享经济及相关产业发展。

(三) 以数字化改革为抓手,促进共同富裕建设

德清县大力推进数字化建设,2019~2021年已连续三年获评"全国县域农业农村信息化发展先进县",荣获"数字乡村指数全国百强县域榜单"第一名,"'数字乡村一张图'遥感监测助力乡村智治"作为浙江省唯一典型案例入选全国《数字乡村建设指南1.0》,农业现代化发展水平综合评价实现省"六连冠"。浙江省大力推动数字经济发展,缙云县要以数字化改革为抓手,加快升级数字基础设施,推进传统产业数字化转型,大力发展数字融合新产业、新业态、新模式,着力打造政府数字治理新模式,共绘美好生活新图景。

1. 加快升级数字基础设施

德清县大力推进数字乡村建设,以数字技术激发乡村发展内生活力,互联网普及率达94.8%,5G网络覆盖率超95%,家庭宽带入户全覆盖。目前,缙云县数字化基础设施建设和德清县相比较为薄弱,缙云县要推动数字化的发展,提升数字基础设施是首要任务。首先,完

善网络基础设施,深入实施"宽带缙云"建设,提高全县互联网普及率、光纤宽带用户率,农村行政村实现光纤宽带接入100%覆盖。加强5G基础建设,提升城区和重点区域5G网络全覆盖铁塔基站数量。其次,加快推进万物互联,建成一批云服务平台和产业互联网平台,企业工厂级、车间级网络设施进一步完善,全面支撑智能制造等新模式。最后,强化网络安全保障,健全相应的安全管理制度,建立信息安全风险评估体系。加强对工业控制系统、电子商务等经济领域信息系统的安全监管,抓好网络安全应急保障。

2. 数字化赋能工业、农业高质量发展

缙云县产业数字化深度广度不够,大部分企业智能化程度不足。德清县全面推进数字产业化和产业数字化工作,以智能制造为主攻方向,加快数字赋能制造业,创新发展工业互联网,全力探索以创新为引领的新智造发展模式。德清县借助互联网、物联网、云计算、大数据、5G信息化技术,打通了企业整个信息流,推动产业协同发展,提高企业发展活力。缙云县未来要实施"智能+"转型升级行动,推进制造过程智能化,培育制造业与互联网融合新模式。推进工业互联网建设,借助阿里云等云计算、大数据及物联网等方面的技术能力,协同软件、系统集成和技术服务企业,进行本地化驻点与服务,打造工业互联网应用缙云模式。数字赋能除了工业还有传统农业生产。德清县农业正在改变"面朝黄土背朝天"的传统农业印象,农业生产的数字化与智能化带来精准科学的种植模式,数字化改革加速与生态文明、乡村振兴深度融合,为产业智慧化发展按下"快进键"。缙云县要加快推进农业数字化转型,积极推进数字技术与农业资源深度融合,发展数字农业。推进农业"机器换人",加快设施装备和新型科技在现代农业园区、规模以上农业基地等的投入使用。

3. 数字化激活基层治理新效能

基层治理是国家治理的基石。目前缙云县政务大数据应用尚未形成，各部门数据尚未实现有效互联、互通、互用；政务数据还处于业务处理层面，不能利用大数据为领导决策提供支持；尚未形成全县统一的数据大脑，用于城市的智能化管理与服务。德清县打造了触达角落的"物联感知网"。建立基于感知、研判、决策一体化的乡村大数据资源体系，同步打通58个部门数据，归集282类基础数据、579类GIS数据，为乡村治理提供完整系统的数据支撑。缙云县未来要加快推进政府数字化转型，利用数字技术助力赋能，打造数字政府治理新模式，促进政务服务数字化。推动大数据综合应用，建立政府和社会互动的大数据采集形成机制，打造缙云政务大数据平台，以大数据管理为核心、以大数据应用为主导、以大数据安全体系为保障的全县智慧政务大数据平台，建成缙云人口、法人、空间地理、宏观经济等基础信息数据库。

4. 数字化共绘美好生活新图景

德清县建立普惠均衡的数字服务体系。聚焦乡村养老服务，"一床一码一设备"应用场景实现18个养老机构全覆盖。率先试点建设"浙里智惠·基本公共服务"重大应用，提供"智惠专车""智惠响铃""智惠通道""智惠问答""银发服务""智惠指数"六项功能模块，实现基本公共服务精准匹配、精准推送、精准直达、精准提升。缙云县要学习德清县的成功经验，促进民生服务数字化。加大信息技术在民生服务和保障领域的应用力度，结合"互联网＋"跨界融合的新业态趋势，重点开展智慧交通、智慧社区、智慧医疗、智慧养老应用工程建设，提升居民的幸福感。

第四章
县域共同富裕建设实践的成功经验

共同富裕的实现靠发展，靠艰苦的创业和创新的精神，尽管缙云是个"八山一水一分田"的山区县，发展经济的条件差，属于浙江省26个加快发展县之一，但在长期的实践中，缙云县高度重视共同富裕建设和山区发展面貌的改变，从实际出发，从人民群众的发展愿望出发，充分发挥地区的资源优势和群众的创业创新精神，依靠地方政府政策和财政资金的引导，取得了很好的成绩，提高了居民收入水平，缩小了城乡差距，推动了公共服务均等化的实现。发展过程中有不少成功的案例，而这些案例具有可复制、可推广的价值，对全省乃至全国的共同富裕建设都有借鉴意义。

一、把小产品做成富民大产业的烧饼经验

烧饼是缙云县的传统小吃，历史悠久。近年来，缙云县委县政府

高度重视以缙云烧饼为首的小吃产业发展,将缙云烧饼产业发展作为推动农民增收、推进共同富裕的重要抓手。2014年,专门成立了缙云烧饼品牌建设领导小组,下设"烧饼办"。同年,出台《关于缙云烧饼品牌建设的实施意见》,每年安排500万元财政资金用于推动烧饼产业发展,充分发挥财政资金引领作用,以小资金撬动大产业,为传统小吃产业焕发出强大生命力插上了腾飞的翅膀,助推山乡农民不断拓宽共富路。

截至2021年底,缙云烧饼全年产值达到27亿元,从业人员达到2.3万人。缙云烧饼许可授权90家,开张营业示范店661家,全国开张门店(点)8000多家,并把示范店开到了美国、意大利等16个国家。同时,带动了上下游相关产业发展,炉芯产值累计1439万元,烧饼桶产值累计2801万元,缙云菜干年产量达400万斤。"缙云烧饼"先后获得"浙江名小吃""中华名小吃""首届中国旅游金牌小吃"等荣誉称号,并成功获注地理标志证明商标和欧盟商标,缙云烧饼制作技艺被列入第五批国家级非物质文化遗产名录。缙云烧饼产业的成功得益于从县域实际出发,把农民的需求和农村的发展结合起来,充分发挥财政资金撬动功能,开拓了践行乡村振兴战略和一条适应乡村发展实际、市场经济发展规律的共同富裕新道路。

(一)做大做强烧饼产业的实践

缙云烧饼产业发展政策通过聚焦产业链关键节点,精准发力扶持产业发展壮大的"人""财""物"等要素投入小切口,突出品牌建设,扩大影响力,着力补齐产业发展短板,做好"供""需""标准化"三方面文章。

1. 聚焦要素投入，做好产业"供"的文章，带动农民增收致富

（1）关注提升"人"的生产力。缙云县针对"做烧饼人员不够、水平不高"的问题，创新性地开展烧饼普及技能培训，县级财政承担每期 600 元/人的全部培训费用。自 2014 年起，按照"培训机构基地化，培训内容系统化，从业人员专业化"的思路，确定浙江电大缙云分校和缙云县职业中专壶镇分校两个培训基地，以就业指导中心为依托，制订专门的缙云烧饼培训教材，帮助学员得到全方位的技能培训和训后服务。至 2021 年底，全县已累计培训烧饼师傅 10980 人次，初级普及性培训已基本覆盖县域内 18～60 岁农民及无业人员。在此基础上，2022 年将普及培训课堂搬到百姓家门口，使全县有意愿从事烧饼产业的人员培训实现全覆盖，人人都能享受到产业发展带来的红利。

2016 年 6 月，为提升烧饼师傅的整体技艺水平，树立行业标杆，缙云县出台了缙云烧饼师傅技能晋升机制，对前期普及技能培训对象进行"回炉再造"，县级财政仍承担每期 600 元/人的全部培训费用。通过竞赛确定中高级师傅的职称，县级财政同时对取得烧饼高级师傅称号的专业人才给予 1000 元/人的奖励。截至 2021 年底，经考核，全县有 10 人被评为大师，高级师傅累计达到 280 人，中级师傅累计达到 250 人。通过市场走访了解，中级师傅月收入在 6000～7000 元，高级师傅月收入 7000～8000 元，高出 2021 年缙云县居民人均可支配收入（39927 元）80%～140%。不少学员既做了"烧饼师傅"又当了"烧饼老板"，如《都市快报》（2022 年 3 月 8 日星期二）"浙江新闻"版题为《滨江开烧饼店 老板一年赚了 60 万》中提到的刘伟缙就是成功的例子。

（2）保障"菜干"等生产要素的投入。生产要素的保障尤为关键，缙云县为确保烧饼重要原材料——缙云菜干（芥菜）的品质，陆续出台

《关于推进缙云烧饼品牌建设的若干意见》及一系列缙云菜干产业扶持政策，县级财政每年安排200万元专项资金扶持产业发展，主要用于芥菜基地发展补助、基础设施提升补助、技术研发及培训补助、经营主体发展奖补、品牌建设和宣传奖补五大方面。据统计，自2014年相关扶持政策实施以来，全县商品芥菜的种植面积从2014年的0.2万亩跃升到2021年的1.2万亩；商品菜干年产量从2014年的100万斤提升到2021年的400万斤。通过将芥菜加工成菜干，农户芥菜每亩产值可达1.5万元，效益明显高于一般农作物种植。芥菜种植带动了缙云县部分镇级产业发展，如东方镇芥菜种植5000多亩，菜干累计产量达570万斤，产值5000余万元，带动种植户3200多户。同时，缙云县实施《关于切实抓好粮食产销工作的意见》以来，鼓励开展连片小麦种植。"908"小麦种植面积从2014年的300亩上升到2021年的3800亩，市场价格达到7~8元/公斤，是普通小麦最低保护价的3倍以上（见图4-1）。

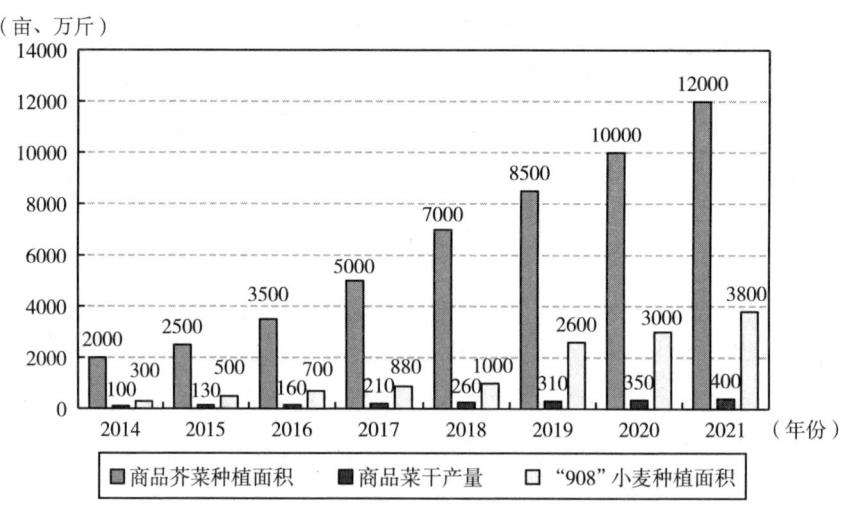

图4-1　2014~2021年缙云县芥菜、菜干和小麦种植情况

此外，缙云县加大了对缙云烧饼桶、炉芯等器材产业的扶持，将经认定的相关合作社加入缙云烧饼协会，可列为定点供货单位。烧饼

炉芯与烧饼桶的数量如表4-1所示。

表4-1　　　　2015~2021年烧饼炉芯与烧饼桶数量与产值情况

年份	烧饼炉芯		烧饼桶	
	产值（万元）	数量（只）	产值（万元）	数量（只）
2015	600	20000	700	7000
2016	195	6500	484	4400
2017	108	3600	275	2500
2018	114	3800	286	2600
2019	207	6900	605	5500
2020	105	3300	220	2000
2021	110	3500	231	2100
合计	1439	47600	2801	26100

（3）解决经营融资的问题。缙云烧饼示范店经营者可凭营业执照、身份证等证明材料，向指定的金融机构提出小额贷款申请，经县烧饼办、保险公司确认同意后，金融机构按程序办理一年期10万元以内的小额贷款。贷款到期清偿本息后，给予经营者贷款利息50%的补助。据统计，从2016年开始，县级财政累计贴息13.45万元，同时进一步撬动了农民投入资金8676万元。

2. 突出品牌建设，做好产业"需"的文章，扩大品牌影响力，拓宽销路

缙云县政府在2014年制定的《缙云烧饼产业发展初步规划》的基础上，2016年高站位制定实施《"缙云烧饼"品牌战略和产业发展规划（2016—2030）》，全方位规划设计，确保产业可持续发展。多渠道扩大品牌知名度，拓宽销路。一方面，完成注册缙云烧饼地理标志证明商标和欧盟商标，被列入"省级非遗""国家级非遗"名单。另一方面，促进文化与烧饼产业的融合，深入挖掘整理缙云烧饼的黄帝文化、饮食文化、商贸文化，讲好"文化饼""养生饼""致富饼"等故事,形成《缙云烧饼与黄帝文化的渊源》《缙云烧饼源流考》《漫谈缙云烧饼的来源》等研究成果。同时,每年配合公祭轩辕黄帝大典,举办缙云烧饼节,同步举办浙江名小吃(名点心)全省选拔赛、缙云烧饼大师赛、乡村旅游季等活动。

3. 谋划产业化发展,做好产业"标准化"的文章,铺垫规模化经营

按照"六统一"的要求,2014年,缙云县确定了缙云烧饼 logo 图案,设计完成缙云烧饼品牌 VI 整体形象,出台了丽水市首个特色小吃类市级地方标准——《缙云烧饼制作规程》。2016年,缙云县烧饼办与丽水市市场监管局、丽水市质量技术监督检测院合作制定《缙云烧饼示范店规范》,进一步统一经营标准、门店标准。县级财政对开设示范店给予1万至3万元补助。截至2021年底,全县共有495家示范店获得816万元财政补助。2018年,烧饼原材料供应商缙云县全优食品有限公司、浙江蒸美滋食品有限公司两家公司均已通过 SC 认证。2020年,缙云烧饼协会出台《关于规范缙云烧饼商标授权许可的规定》,使得缙云烧饼商标得到保护。通过一系列产业标准化建设和财政投入,为后续烧饼产业化发展打下坚实基础。

(二)实践的启示

高质量发展建设共同富裕的核心是要发展经济,做大产业发展的蛋糕。只有产业振兴了,农民有了就业渠道,才能实现发展致富。缙云县从县域实际出发,把农民的需求和农村的发展结合起来,以烧饼为纽带,找到了一条适应乡村振兴的发展致富之路,这种可复制、可推广的实践对更好推动乡村振兴、实现共同富裕有很好的借鉴作用。

1. 找准关键，精准发力

缙云烧饼产业基础好、风险低，是适合农民创业就业、增收致富的产业。缙云县以此为发力点，创新实施"农户＋合作社（基地）＋协会"模式，同时聚焦"烧饼师傅"这个关键点，通过开展针对性、实用性的技能培训，成功打造一批制作技能过硬、带动力强、影响面广的"缙云烧饼师傅"队伍，实现富民增收。

2. 持续打造，一抓到底

一个产业的培育、发展需要时间，一旦选择正确必须持之以恒加以打造，实现发展的飞跃。找准农村产业发展方向，缙云县上下全力以赴，齐抓共管，自2014年以来，经过七年多的努力，实现了缙云烧饼质的转变。缙云烧饼的知名度和美誉度得到极大提升，在全县上下形成了一股创业、创新热情；激活了整个烧饼产业，打出了一张缙云的"金名片"，并在全社会形成了独特的"缙云烧饼现象"。

3. 品牌引领，整合联动

缙云在内的丽水9个县（市、区）都是浙江省26个加快发展县，各地产业小而散，知名度不高，传统运营、各自发展难以成功。为有效推动缙云烧饼产业品牌化建设，缙云县运用现代产业经营模式来培育缙云烧饼品牌，并依托"丽水山耕"品牌共建，对缙云菜干、土麦等相关产业进行整合联动，树立缙云的整体区域品牌形象。

4. 精心谋划，创新发展

品牌建设之初，缙云县就树立了既要打造"顶天立地"的骨干企业，更要培育发展"铺天盖地"的"草根"，并为此进行了诸多创新和努力。如创新实施"六统一""两集中"模式，成立烧饼办、组建烧饼协会、开设烧饼班、举办烧饼节，制定出台《关于推进缙云烧饼品牌建设的若干意见》等系列办法，推动品牌化、产业化运作发展。

5. 三产融合，增收致富

农业是大舞台，农产品的生产属于第一产业，如果农业仅仅止步于第一产业，农业往往难以实现农业增产、农民增收，而把产业链延伸，向第二、第三产业发展，实现一二三产业的融合，农业将能够做出大文章，实现大发展。缙云烧饼产业发展壮大，激活了烧饼炉芯、烧饼桶、缙云菜干、烧饼包装、烧饼文化等相关行业，呈现出"一业兴百业"的良好态势，帮助越来越多的人脱贫致富。

6. 政策支持，财政资金引导

缙云烧饼产业发展历史悠久，要把烧饼产业做大做强需要投入的资金较多，缙云财政支农侧重烧饼质量的严控、品牌的维护等这些政府需要重点支持的环节，真正体现财政扶持的精准性，实现了"花小钱办大事"。产业发展必然遵守市场经济的规律，以市场经济为主导，政府调控只是产业发展的辅助手段，但一味依赖市场自由调节，缺乏政府调控，往往会走向自发性、滞后性的市场经济陷阱。作为政府，应详细调研产业发展现状，着重关注产业短板与市场空白，把握当前产业发展痛点，出台相应的引导政策和财政补贴政策，并根据产业实际发展需求调整政策方向，将有限的财力集中到社会最需要的地方，提升财政资金的精确性与有效性，以市场需求、发展痛点为导向配置财政资源，充分发挥财政的公共性作用，以财政杠杆撬动产值增长。

二、把生态"黄叶"打造成致富"金叶"的黄茶经验

缙云县是"八山一水一分田"的典型山区县，依靠独有的生态优势，因地制宜发展黄茶，并把发展黄茶产业作为巩固拓展脱贫攻坚成果，同乡村振兴有效衔接，培育壮大新富民产业，不断打造山区生态经济新的增长点。到2021年共发展黄茶1.35万亩，投产面积5500亩，产值9800万元，亩产值在1万至1.5万元，均价2000元/公斤，最高价15800元/公斤。产值是普通绿茶的2～3倍，2021年品牌价值为4.67亿元人民币。入选G20杭州峰会官方指定用茶，成功注册国家地理标志证明商标，2018年以来连续四年获中国茶叶区域公用品牌价值评估最具溢价力品牌，荣膺全国绿色农业十佳茶叶地标品牌。截至2021年底，黄茶产业辐射带动周边解决就业1.5万人，人均增收3500元，支援四川、广西、贵州的缙云黄茶茶苗达到1600万株，带动当地发展黄茶产业。缙云黄茶成为充分推动共同富裕发展的重要产业，生态"黄叶"成就了致富"金叶"。

（一）培育发展黄茶产业的主要做法

缙云黄茶是茶树黄化变异的新品种，主要分布于缙云县海拔500～700米的高山密林地带，是真正的原生态茶，因茶多酚等含量高而受市场青睐。缙云黄茶从2010年开始规模种植，产业从无到有，从小到大，逐步培养壮大，并逐步向仙居、松阳等周边辐射，最远辐射到四川、贵州等省份，成为带动共同富裕的重要产业，这得益于政府的重视、科技的转化和财政资金的支持。

1. 科技"支撑",助力产业品质提升

一是转化农业科技成果。加强与中国农业科学院茶叶研究所建立全面的科技合作关系,利用下派科技特派员团队提供的科技指导,依托科研力量,进行品系对比试验。通过多年繁育、引种、品种比较试验,证实缙云黄茶萌芽期早,氨基酸、胡萝卜素及叶黄素等含量均高于其他茶叶,为缙云发展黄茶产业提供了有力的科学依据。二是提升生产技术。制定了《缙云黄茶生产技术规程标准》,不断完善加工工艺,做到看茶做茶,开发扁形、凤形、螺形缙云黄茶和以黄茶鲜叶为原料开发的红茶等,提升效益。三是加强技能培训。开展技术培训指导,提高生产者的技术水平和管理水平,确保在茶叶种植、茶园管理、茶叶采摘、茶叶加工、茶叶包装贮藏等方面都按照标准实施。

2. 发展"龙头",强化产业主体培育

一是加大经营主体培育力度。有序推进"公司＋基地＋农户"模式,不断壮大茶企规模,提升示范带动作用,使全县的黄茶产业健康稳定地向前发展。全县缙云黄茶产业主体队伍不断发展壮大,截至2021年,全县缙云黄茶50亩以上生产主体共26家,规模最大的超过500亩,规模生产总面积近5000亩;7家生产经营主体通过SC认证;5家工商资本投资生产缙云黄茶;2家主体建成前端监测和环境数据采集设备。二是逐步完善销售体系。缙云黄茶的销售方式主要是以品牌方式销售和市场批发销售为主。品牌销售主要是有品牌的企业、合作社将高档黄茶经包装后出售,一般售价在3000～5000元/斤;其他个体加工或企业生产的中低档黄茶一般通过市场批发销售为主,一般价格在600～2000元/斤。按照黄茶鲜叶的不同时期等级分别加工成扁形、针形、螺形,最大限度发挥黄茶的品质优势和经济效益。三是不断推进商品转化。茶旅融合，鼓励企业依托仙都风景区、河阳古民居等旅游景区，开设一些有特色、有创意的茶空间，推行设计简洁、美观、有个性的产品包装，加快茶叶产品向旅游商品转化，推动黄茶产品销售。

3. 品牌"兴茶"，驱动产业发展动能

一是做强品牌。截至2021年底，在全国范围内开设缙云黄茶品牌店30多家；通过"政府搭台、企业唱戏"，参与浙江农业博览会等国内重要博览会的展示展销、名茶评比活动，有效提升缙云黄茶的知名度和市场竞争力，每年组织缙云黄茶生产经营主体参加各类茶叶博览会、缙云黄茶文化节和缙云黄茶推介会等活动10余场（次），在茶博会、中茶杯、国饮杯等评比中斩获十多次金奖、特等奖。二是做大体系。明确"缙云黄茶"公用品牌属性，形成规范的产品包装体系，推行"母子品牌"模式，即"企业品牌+区域公用品牌"的包装标识，培育品牌包装30多款；对公用品牌进行管理维护，组织全县茶企共打、共建、共享，营造良好的品牌建设氛围，集中力量打造"缙云黄茶"品牌。三是做优宣传。坚持举办缙云黄茶文化节等茶事活动，并不断创新形式。注重研究和挖掘黄茶文化内涵，将旅游资源、黄帝文化与茶文化资源相结合。

4. 严格"监管"，提高产品质量保障

一是抓标准制定。加快制定和出台《缙云黄茶生产技术规程标准》和《缙云黄茶产品标准》。二是抓基础建设。加大茶园基础设施建设的投入，建设一批生态化标准黄茶园，建造一批标准化茶叶加工厂。三是抓监督管理。加强茶叶质量监管，加快推进茶叶质量追溯体系建设，确保"从茶山到茶杯"的茶叶质量安全。截至2021年底，已有39家企业、合作社、家庭农场建立了可追溯体系。

5. 政策"引路"，厘清发展路径

一是明晰产业规划。2011年以来，缙云县政府调整茶叶产业结构和转型升级，出台《缙云县关于提升发展乡愁产业 加快富民增收的意见》《关于加快推进黄茶产业发展若干意见》等政策，鼓励农民积极种植黄茶，引导发展黄茶产业。编制《缙云黄茶产业发展规划》，厘清黄茶产业规划、茶苗引繁、产品研发、展示展销等产业发展思路，通过发挥重点产茶乡镇的领导作用，聚智力、聚财力、聚物力、聚人心，积极促进黄茶产业发展。二是制定产业扶持政策。近年来，缙云县财政每年安排1000万元专项资金扶持茶产业发展，用于扶持茶叶基地发展、设施配置、加工研发、主体培育、品牌建设、茶文化产业等。对新增黄茶基地连片面积200亩以上的主体，给予5万元的资金补助；对新增繁育黄茶种苗基地连片面积2亩以上，给予1500元/亩的补助；对于乡镇年发展黄茶基地达到1000亩以上的，给予10万元奖励资金。缙云县税务局成立服务小组，上门解读和辅导茶叶生产加工、供应销售各环节的税法规定，为茶农、企业筛选出自产农产品免征增值税和茶及其他饮料作物的种植享受减半征收企业所得税等税收优惠政策，及时提供发票增量、发票开具、账务处理等辅导，以实施延期纳税、税收豁免等方式鼓励黄茶产业发展。

（二）实践的启示

浙江省高质量建设共同富裕示范区，难点是26个加快发展县，重点是培养发展致富产业，实现农业增产和农民增收。缙云作为26个加快发展县之一，重视农业科技的利用和政府政策的扶持发展黄茶产业，引导百姓增收致富的实践经验是值得推广的，对山区县市经济发展和

产业振兴是有启示的。

1. 借力科研，重视农产品的品种培育

缙云黄茶是通过科研培养发展而来的，品质的开发和产业的发展离不开科技进步。山区 26 县必须高度重视农业的科技进步和农产品品种的培育，要加强与科研院所和高校的产学研科技合作。积极争取科技帮扶，在地方财力有限的情况下，通过政策创新、税收服务等方式，让更多的科技特派员愿意下沉到有产业发展潜力的欠发达地区，致力科技研发，助力山区特色产业的发展。

2. 示范引领，培育龙头企业提高市场化水平

缙云黄茶的发展一开始就重视农业龙头企业的带动，发挥"农业龙头企业＋基地＋农户"的优势，把产业培育好、把品质把控好，这是黄茶产业发展的基础。山区 26 个加快发展县在高质量发展共同富裕示范区过程中，必须重点培育发展新型规模农业龙头企业和农民专业合作社。通过财政贴息、以奖代补等形式支持龙头企业开展技术改造和市场开发，招引行业龙头企业提高科技开发能力、市场开拓能力和农户带动能力。

3. 文化聚力，注入区域文化内涵

缙云既是生态县，又是旅游县，在黄茶产业的培养上积极利用当地的旅游文化资源，通过农旅结合，提高了缙云黄茶的市场知名度和影响力。各地在培养和发展特色产业上要积极运用当地特色文化资源，做好特色产业内涵的提炼升华，将产业文化和当地文化、旅游文化、民俗文化有机融合。加快公用品牌形象和产品风格的塑造，大力开展宣传推介活动，提高市场知名度和美誉度，加快开拓市场。

4. 数字赋能，提升农产品的质量保障水平

缙云黄茶发展快，产品的附加值高，在绿茶市场中脱颖而出，除了营养价值高外，一个重要原因是通过数字赋能，重视质量安全的把控，让消费者放心。安全放心是农产品市场的生命力，也是竞争的优势，全省各地必须把农产品的质量安全体系纳入发展重点，要制定特色产业的生产技术规程标准和产品标准，推进产业的标准化生产。同时，要重视数字化建设，通过数字化的改造和提升，推进特色产品的质量追溯体系建设，确保农产品质量安全，把绿色尤其是有机作为农产品发展的重点，以打造"舌尖"上的安全。

三、把传统农产品做成创业增收产业的爽面经验

乡村振兴的痛点在于产业振兴，难点在于农民增收，所以以产业振兴助力农民增收，实现共同富裕，是乡村振兴的有效途径。缙云爽面是缙云的传统特色面食，土特名产，距今已有1300多年的历史，被中国烹调协会、浙江省农业农村厅评为"中餐特色小吃"和"浙江名小吃"。如今已成功注册国家地理标志证明商标，成为缙云富民增收的一项朝阳产业，是一张共同富裕的金名片。2021年缙云爽面产值达到2.4亿元，同比增长9%，其中线上销售0.9亿元，从业人员达7000人。全县共有爽面特色村6个，累计SC认证企业4家，小作坊8家，合作社9家，累计培训爽面师傅2251人。其中，姓王村是缙云县最大的土面生产加工主产区，本村加工土面农户已达800多户，产值达1.5亿元，并建有专门的爽面合作社及全县唯一的缙云爽面博物馆。通过对挖掘产品文化、树立品牌形象、带动供应链上下发展等，缙云爽面

成为缙云县实现共同富裕的重要产业。

（一）爽面产业发展的主要做法

缙云爽面历史悠久，而把传统产业培育壮大起来需要当地政府的重视和社会各界的精心打造。一直以来，缙云把爽面作为"五彩农业"的重要一环来经营和发展，使传统产业得到发扬光大，逐步成为当地富民产业的重要组成部分。

1. 紧抓"乡愁"文化，提升产品内涵

乡村振兴的实施为缙云爽面产业的发展带来了新契机。缙云县高度重视，以乡村振兴为目标，以农业农村资源为依托，以三产融合发展为途径，抓住"乡愁"这个关键词，推动乡愁富民产业高质量发展，致力将乡愁富民产业打造成乡村振兴新亮点，形成乡村振兴的"缙云模式"。缙云县政府将乡愁文化作为提升缙云爽面附加值的突破点，同时利用缙云爽面所蕴含的乡愁文化在市场中的吸引力和认同感进行推广。为了突出体现缙云县独特的"麦香文化"，县里着力开展"麦香文化"特色镇提升工程，培育"908"小麦示范基地1500余亩，每年举办"爽面节"等节庆活动，通过"节庆搭台、产业唱戏"的方法，深度拓展农旅融合产业，促进农民增收和产业发展。

2. 建立统一标准，提升品牌附加值

品牌不仅仅只是一个标志，一个商标，更是一种契约，包含着品质、承诺和责任；是一种创新，包含着优化、迭代和颠覆。品牌建立的过程中包含着广泛的群众参与和统一的生产标准，从共同富裕的角度而言，一方面这代表有更多的受益者，体现着"共同"；另一方面代表着更高的附加值，体现着"富裕"。为了创造缙云爽面的品牌形象，进一步推动缙云爽面标准的建立，缙云县先后完成缙云爽面故事的挖掘整理，编制《缙云爽面宣传册》，品牌形象策划工作全面推进，完成了缙云爽面 logo 评审发布，整体包装设计完毕并投入生产；还通过举办缙云爽面节，组织开展了爽面制作比赛、爽面烹饪大赛、爽面征文比赛及爽面摄影比赛，打响了缙云爽面的品牌名气。同时，缙云县对爽面设定相应的标准，对于达到标准的爽面以"缙云爽面"的品牌进行销售，拉开产品之间的档次与差距，保证产品质量的同时，保持产品特有的附加值，使得缙云爽面在带动当地农民增收方面有了可持续性。在政策支持方面，为了更好地配合缙云爽面的品牌打造和统一标准的建立，当地政府出台了缙云爽面小作坊的精准扶持政策：对取得小作坊登记证的农户，通过验收合格，可以利用缙云爽面的品牌进行生产并且可以获得县财政每户 5000 元的补助；为改善生产环境，引导生产者按照爽面标准生产，对于搭建晾晒防蝇网的，每平方米补助 20 元。

3. 培育能工巧匠，提升农民就业能力

技能培训，助力农民掌握"吃饭手艺"；因材施教，助力农民变身产业工人。近年来，缙云县高度重视爽面产业发展，把缙云爽面打造成农民增收致富的新产业，鼓励农户在传统中转型升级，促进缙云爽面产业化发展。首先，缙云县农民合作经济组织联合会牵头成立缙云爽面产业特色农合联，各专业合作社、各村的加工大户加入该组织，为缙云爽面从业者提供了一个合作生产的平台。其次，在电大缙云分校建立缙云爽面师傅培训基地，聘请了专业师傅，开展教材编制、考核发证等工作，通过统一管理，全面提升爽面从业者的专业性。同时，对于爽面从业者并不限制其发展空间，给予爽面从业者足够的自由，

使其在财富创造上产生更大的动力,在共同富裕上发挥更大的能量。爽面师傅培训合格以后,可以选择自主经营生产爽面,也可以进入土面合作社、扶贫互助社等进行工作,打破农民创富增收的"天花板"和职业限制,鼓励农民通过各种方式增加收入,摆脱贫困,促进共同富裕。

4. 带动产业链发展,提升产业辐射作用

好的富民产业应具有一定的"延伸"性,具有一定的辐射带动作用,推动相关产业及就业人群的发展。首先,把好原料关。爽面的原料和工艺都很讲究,例如,在原料选用上要求必须使用传统农耕有机栽培的优质"908"小麦;在配比中要求与高筋面粉比例为1:1;在生产过程中要求经5次发酵和14道独特工艺流程;等等。而正是这些高要求,在提升缙云爽面额外价值的同时,也带动了缙云小麦种植产业。为保持爽面产量稳定,舒洪镇昆洪村建设了千亩"908"小麦生产基地,很好地带动了当地农民的生产积极性,提高了他们的收入。缙云县政府也在政策上积极引导种粮大户利用冬闲田种植"908"小麦,对"908"小麦种植大户每亩补贴300元。其次,扩大产业的影响力。为全面展示爽面上下游产业,为产业发展注入更多的资金和人力,政府及乡贤投资1000多万元建设了集爽面文化展示、体验、品尝及培训为一体的、占地20亩的缙云县爽面博物馆,并将该馆选址于"浙江绿谷"生态示范核心区——缙云县舒洪镇,与缙云仙都5A风景区毗邻,利用优越的地理位置和环境条件,将这座原来仅供观赏的博物馆打造成集住宿、餐饮、研学等为一体的麦香民宿,书吧、茶吧、咖啡馆一应俱全,不断吸引更多的人了解并爱上爽面文化和爽面产业。博物馆在投运后吸引了上海、杭州等外地游客前来体验,每年可为姓王村集体经济增收30多万元。缙云爽面博物馆在展示、传承爽面文化的同时，通过农旅结合的方式，很好地带动了更多缙云农民的创业就业。

（二）实践的启示

爽面是缙云的传统产品、特色产品，缙云县把传统产品标准化，把特色产品市场化，通过政府的扶持、群众的参与把产业做大做强，为当地群众增收致富找到好的发展渠道。这种聚焦特色、着力传承和创新的发展思路，对推动乡村振兴，实现共同富裕是有启发的。

1. 要注重产业链延伸

发展产业是促进共同富裕的有力手段，但不应只限于产业本身，推动发展要向产业的前后两个方向进行延伸，造福更多人。缙云爽面通过打造"麦香文化"，推进"908"小麦基地建设，培养农户成为优质原料的供应商，产业发展向上游延伸，造福当地农民；建立土面专业合作社，开发统一的品牌并制定统一标准，打响缙云爽面民间小吃的知名度，产业发展向下游延伸，造福更多的爽面师傅和爽面销售商，促进共同富裕。同时，注重产业间的结合，爽面博物馆毗邻仙都5A风景区，利用风景区的吸引力，让更多人了解爽面，促进爽面文化的推广；农旅结合，将爽面作为缙云旅游的特色项目，以农促旅，以旅富农。

2. 要注重人才培养

乡村要振兴，人才是关键。不光要鼓励农民学习一技傍身，加强对农村经营管理人才、电子商务人才、文化旅游人才等农村实用人才的培养，拓展基层共富的手段，更要引进、留住高水平管理人才。要采取有效措施引导和支持高等学校、职业学校毕业生到乡村工作，乡村企业、新型农业经营主体也要积极吸纳高等学校、职业学校毕业生到管理型、技术型岗位就业，要建立有效的激励机制，吸引和支持企业家、党政干部、专家学者、律师、技能人才等，通过到乡村担任志愿者、投资兴业、包村包项目、捐资捐物、法律服务等方式服务乡村振兴。

3. 要注重平台化思维

由于分散农户资金、技能有限，信息不对称，竞争能力弱等，存在一定的局限性，这时通过集体的力量团结这些农户就显得十分重要。爽面通过统一的品牌与logo，扩大知名度，提升竞争力。未来还要积极努力尝试统一的标准，这样的标准还要向上扩展到原料的种植，如选种、培育、施肥等。一方面团结农户，利用集体的力量更好地促进农民共富；另一方面也保障了产品的质量、品牌的附加值等。

4. 注重产品标准化

产业的发展，质量是关键，要在同行竞争中突颖而出，必须注重产品质量标准化。由政府通过资金扶持，鼓励企业开展农业种植培训，提高农户在种植方面的科学性和规范性。农户通过标准化种植，向爽面生产企业提供原料，提高了农民的收入；企业解决了部分的原料供应问题，可以专注于生产与研发，也肩负起应承担的社会责任，实现了一定的社会价值。同时，要实现品牌推广标准化。应按照国际化、标准化、特色化的品牌标准来进行推广，实现统一商标、统一门店和统一推广，在市场中赢得缙云爽面的一席之地。

四、把单一种植业发展成生态环保产业的茭鸭共生经验

乡村振兴既要做到农民增收，也要将生态振兴与产业振兴融合起

来。近年来，突出契合生态优势的产业发展定位，优化生产要素布局，缙云在发展循环农业的基础上，有序衔接乡村生态振兴，充分激发农村发展活力，大力发展有代表性、有乡土味、有独特性的生态农业，探索出生态保护与修复的"缙云方案"——茭鸭共生模式。这种源于传统农耕文化的套养模式，既丰富了茭田产品产出，又大大减轻畜禽环境污染与种植业的农药化肥污染，实现乡村生态文明建设和农民增收致富的双赢。"缙云茭白""缙云麻鸭"已申报多项国家级品牌认证，成功获评地理标志农产品、地理标志证明商标。到2021年底，缙云茭鸭共生面积累计超过10万亩，茭鸭共生核心保护区亩产产值逾3万元，茭白年产量12.7万吨，麻鸭出栏30万羽，年产蛋量3000吨；缙云县已成为全国最大的茭白生产基地，成功打造出总产值达15亿元茭白全产业链，获评浙江省示范性农业全产业链。茭鸭共生系统的发展与传承，不仅带动当地农业经济发展，更为农民就业，特别是为解决老龄农村妇女的就业问题做出了突出贡献，全县从事茭鸭共生相关产业的农民达3.5万人，其中60岁以上的妇女占到30%以上，助推缙云县农村常住居民人均可支配收入增速连续12年保持高位增长。

（一）茭鸭共生生态循环发展的主要做法

缙云的"茭鸭共生"是农业循环生态套养套种模式，是在传承基础上的创新发展，具有推广成本最小化、生态无公害、综合利用等多种效应的生态化新模式，有利于改善农田生态环境，实现动植物共育共生，互补互赢，促进农业发展和农民增收。

1. 传承与创新农业文化遗产，提升农业发展潜力

缙云麻鸭养殖、茭白栽种历史悠久，时至今日当地的茭白、麻鸭均已取得中国地理标志农产品认定,缙云也收获了"中国茭白之乡""中国麻鸭之乡"的美誉。缙云的茭鸭共生模式最早可追溯到700多年前,是传统农耕文化的重要组成部分,已深深融入农民的生活。近年来,缙云抓住乡村农业振兴的机遇,高度重视这一系统的保护、传承、创新和发展,通过宣传活动、资金支持等多举措助推茭白麻鸭共生系统这一重要农业文化遗产的推广。发挥传统种植、养殖产业的巨大潜力,依托农业科技,将相关技术不断加以改良,形成了适应本地气候且具备经济效益的现代茭鸭共生模式。每年10月中旬前进行茭田翻耕,并施入基肥;单季茭在9月下旬至10月中旬进行育苗,11月中旬前完成定植;4月中旬后开始在田间投放麻鸭,每亩投放3只至5只,投放1周内适时补饲;4月至9月做好茭白田间的肥水管理、病虫草害防治等工作;单季茭在8月下旬至10月上旬采收(高海拔地区可提早至7月中下旬)。缙云县大力推动茭鸭共生标准规范化,依托现代农业,将茭鸭共生打造成科学可行的生态循环农业模式。通过弘扬这种优秀的农耕文化,实现三产融合发展,以及传统农业技术的传承与创新,加快推动乡村振兴与生态振兴相融合,为共同富裕提高保障。

2. 推进农业生态保护与修复,增强农业的竞争力

缙云商业化栽培茭白已超过20年。由于茭白长时间连作,近年来病虫害加重,特别是福寿螺、浮萍、杂草滋生等问题需新办法才能破解。同样,作为"中国麻鸭之乡"的缙云由于麻鸭河养、塘养、库养的传统粗放型养殖污染环境,河流溪边动辄搭建数百鸭棚,几万只鸭子的栖息常导致严重的水体污染问题。茭鸭共生模式作为一种基于自然保护方案理念的实践案例,从2018年开始,缙云县农业农村局每年在项目经费中支出20多万元,统一采购4万只鸭苗,在茭白重点产区壶镇、新建、大洋、前路"三镇一乡"分批分片放养、分户管理。投放鸭苗有严格的标准流程,茭白茎叶高达2~3米,在茭田中乘凉的麻鸭则以茭白各个生长时期出现的害虫为食,以此为茭白的苗壮生长提供保护,其粪便又为茭白提供了天然肥料。麻鸭在茭丛中跑动也为茭白生长创造通风、泥土松软的环境。此外,麻鸭为补充植物蛋白,吞食茭田中与茭白争肥争水的浮萍,进一步优化茭白的生长环境。到了夏末秋初,茭白抽出长穗,开花后结出菰米,又是麻鸭最喜欢的食物。菰米蛋白质含量丰富,鸭子食后又会多产卵。茭鸭共生的耕作模式,杂草防效98%以上、虫害防效90%以上、亩均茭白专用肥使用量减少13%,显著减少农药肥料、畜禽养殖的环境污染,同时节约了人工投入,节本增效显著。除了产生生态效益、显著改善农田环境外,还增加了农民收入,具备经济效益、自发性和持续性。在茭白田里养鸭子,每亩增加养鸭收入300~500元,节本增效1000元以上。凭借传承千年的茭白麻鸭共生系统,凭借基于自然的农耕文明传统智慧,开辟出了一条现代生态循环农业的新路,实现了水体、农田的生态修复,又为农民增收致富创造了条件。

3. 基础高标准、严要求,提高农产品的品质

民以食为天,食以安为先。发展农业,农产品的安全是关键。缙云县始终不放松农产品的品质和安全,全面强化源头、过程、终端等监管和农产品质量追溯,实现"从田间到餐桌"全程安全管控。要求本地农产品对标欧盟标准,建立了完善的质量安全追溯体系。而为有效减少茭白田农药化肥使用量,实现缙云县茭白产业绿色可持续发展,茭鸭共生这种绿色防控技术成为"最严"管控外的"最佳"创新。茭鸭共生模式为缙云茭白的生态种植注入了创新之举。在茭白重点产区分批分片放养麻鸭,实行种养结合、模式创新,起到了防虫、除草、减药、少肥、省工、节本的显著成效,经测算,此模式最高可减少

70%的农药用量。此外，缙云县始终强化终端管控。2017年以来，省、市、县三级共抽检缙云茭白4934批次，合格率100%。当地土肥植保能源站通过鸭苗成活率验收，对主要推广地区建立专门补助资金，用于鸭苗喂养、管理、防逃设施等方面的支出。缙云县借鉴欧盟的经验，以标准为切入口，凭借茭鸭共生的绿色防控技术以及提高农药化肥准入门槛等手段，倒逼当地农产品质量安全的全面提升。时至今日，缙云茭白30余项指标全部符合欧美标准，凭借其过硬的安全品质，不仅成为能上百姓餐桌的"放心菜"，更是作为罐头原料供应出口欧美市场。

4. 加强资金、政策支持，夯实农业发展基础

乡村振兴的重点是产业振兴，寻找科技"靠山"，实实在在为产业发展解决难题，才能使茭鸭共生走向产业化，走可持续发展之路。通过科学规划，合理布局，严格农业投入品使用监管，推行化肥农药减量，减少面源污染。缙云县高度重视农业技术的推广和农业人才的培养。通过政府埋单的形式，农业部门每年安排农业专家对茭农进行茭白栽种、麻鸭养殖培训，培育了一大批"茭白师傅"。通过对农业污染治理新路径的探索，营造更加环保的种养环境，使全县茭鸭共生产业绿色发展再上新台阶。到2021年底，农技干部和茭白师傅深入农村培训茭农已达4000多次。同时，缙云县建立健全财政支农，稳定增长机制和金融资本多元化支农机制。率先在浙江省制定实施2.0版乡愁产业富民增收意见，统筹整合投向相似但分散于各个部门的资金，制定下发了《2021年缙云县茭鸭共生项目实施方案》《缙云县农业农村局关于组织开展茭白多模式栽培系统与茭鸭共生系统建设项目申报工作的通知》等专项文件。县财政每年安排专项资金200万元用于加快茭白产业转型升级，在茭鸭共生集中区域结合实地勘察和评审，通过项目申报进行专项资金分配。保姆式帮扶茭鸭共生循环农业的发展，有效引领农业科技化、模式标准化、产品品牌化建设。

（二）若干启示

农业增效和农民增收是农业发展的难题，而循环农业是难以发展的方向，有利于降低农业生产成本，提高农产品的品质和增强农业的竞争力。缙云县在传承的基础上，推广茭鸭共生的农业发展模式，对做大做强农业，提高农业的效益和增加农民收入，推进共同富裕建设是有启发的。

1. 要注重农业文化遗产挖掘与利用

我国农业文化遗产传承至今，文化价值、历史价值厚重，对农业文化遗产智慧的挖掘与创新，不仅对现代农业的可持续发展具有重要指导作用，而且对增强我国文化自信、推进乡村振兴具有重要的现实意义。要做好农业文化遗产保护与传承，通过收集整理历史文化资料，全面系统地进行农业遗产保护。同时要正确处理保护和开发的关系。保护是前提，没有保护，开发利用也没有平台，没有载体，也就失去了根基。开发是为了更好地保护，没有开发利用，要保护好也会很难。当前文化遗产保护普遍面临缺乏内部动力、不得不长期依靠政府和外来资金支持的困局，需要采取相应对策，在保护和发展之间做好平衡，把保护、利用作为农业文化遗产保护的重要任务。当地应通过政策倾斜，利用好农业文化遗产价值，推动相关技术模式走向标准化、产业化，继续把助农增收这篇大文章做好。让农业文化遗产在保护中发展，在发展中得到更科学规范的保护，成为农民致富的"聚宝盆"，农村经济发展的"蓄水池"，真正促进农民致富增收，在新时代焕发荣光。

2. 要注重生态修复

自然、生态、安全的农业是实现乡村振兴战略的重要保障。乡村振兴的基础在农业，推行乡村绿色发展方式有助于优化农业生产力布局，开发农业多功能属性，不断推进农业科技进步，提高农业综合生产能力和竞争力，实现农业可持续发展。要不断开发不同地域条件下的生态修复与管护技术，形成相应的规范标准进行推广。针对各农业生产经营主体开设对应的培训班组织培训学习，促进各种科技成果的落地以及规模化实现。以产业发展促进合理利用。以传承和创新农耕文化这一新的发展理念大力推动农业领域变革，切实转变农业发展方式，加快构建农业与第二、第三产业融合的产业体系，推动农业文化遗产资源优势转化为产业优势。同时，要遵循生态系统整体性、生物多样性规律。注重以种植业、养殖业为核心的种养加功能复合循环农业经济模式，实现农业规模化生产、加工增值和副产品综合利用，整合种植、养殖、加工优势资源，实现产业集群发展，作物绿色优质生产与畜禽养殖密度、粪污循环利用的高效匹配；研发农业多功能性综合开发利用、农业资源的高效安全利用和绿色生产技术体系；研究面源污染治理技术、绿色种养一体化集成技术等，发展生态型农业。做到既重视生态修复，又实现高效农田改造，为当地百姓创造经济效益的同时，也助力政府实现乡村振兴、农民富裕。

3. 要注重资金与政策扶持

把握"生态经济化、经济生态化"的发展内涵，充分发挥财政资金引领作用，用实用尽政府扶持政策，填补产业发展短板，积蓄乡村发展势能，重点培育好基于"绿水青山"生态优势的内生性产业，构建一条横跨"生态一二三产"的生态产品价值转换通道，将生态优势转化为发展优势。加强有关政策保障，贯彻国家有关生态修复、绿色生产等一系列法律法规，通过建立生态监测监管体系，理顺生态产品价值实现机制，治污还绿，常长并举。注重常态化整治，更注重长效机制建设；注重末端治理，更注重源头治理与生态修复。突出建立治污还绿的长效机制，注重监管服务协同，推动"区域环评＋环境标准"延伸扩面，实现环保审批事权扁平化，强化应用排污许可证在事中、事后监管全流程的作用。注重财政资金和政策引导力，整合绿色农业、循环农业发展政策，完善出台新一轮产业扶持政策，聚焦县域产业发展实际，重点做好当地农产品公共品牌发展，实现三产融合发展。充分利用乡村地区的生态优势，建立健全生态产品价值实现机制，缩小区域差距与城乡差距，进而实现共同富裕。

第五章
县域共同富裕建设实践的典型案例

尽管缙云是个山区县，发展经济的条件差，基础薄弱，但缙云县始终坚持发展是硬道理的要求，致力于经济发展。在"千村示范，万村整理"美丽乡村建立以来，尤其是乡村振兴战略实施以来，缙云的城乡经济发展发生了很大变化，无论是美丽乡村建设，还是先进制造业发展都涌现出一批可复制、可推广的典型经验和先进做法，对共同富裕建设具有可借鉴的经验启示。

一、把无名变成美名的仁岸经验

仁岸村位于缙云县城东南方 10 公里处，依山傍水，交通便利。由仁岸、半衣坤、清水湾、季坑四个自然村合并而成，全村 1165 户 2702 人，村域面积 9.9 平方公里，山林面积 11820 亩，耕地 976 亩。近年来,仁岸村积极践行"绿水青山就是金山银山"理念,立足本村山地资源丰富与气候优势,大力推进五水共治,发展区域特色优质农业,充分释放绿水青山的经济价值,形成集农业观光、康养休闲、度假休养、采摘体验为一体的生态休闲旅游地。打造美丽生态、美丽经济、美丽生活有机融合的乐游仁岸未来乡村,逐步走出了一条生态美、产业绿、百姓富的绿色生态发展之路,在绿色生态发展的道路上越走越宽。2021年,全村实现农业总产值1.2亿元,村集体收入152万元,村民人均收入超3.5万元,户均存款超50万元的占比70%,全年接待游客人数2万余人次,实现农家乐旅游收入50余万元,仁岸村民在家门口就能实现就业和增收的双赢。

(一) 高质量发展建设共同富裕的实践

仁岸村尽管地处班山区,但离县城近,拥有得天独厚的自然环境和生态资源。该村紧抓乡村振兴战略的契机,发挥资源优势,把资源优势转化为发展优势,在推进美丽乡村建设的同时,大力发展农村经济和乡村旅游,实现了农村经济发展、村集体增收和农民收入提高,推动了共同富裕建设。

1. 整治环境生态"美"

美丽乡村建设,环境整治是基础。依山傍水的仁岸村应该是环境优美的小村庄,但"旧仁岸"环境脏、乱、差,使得仁岸村一度成为全县的落后村。仁岸村通过清理溪流沿岸的建筑垃圾和生活垃圾入手。在对河道清淤疏浚的基础上,建起了洪水期能泄洪防涝,旱时能蓄水保农田灌溉的自动翻水坝,并形成了一个天然游泳池,水质也达到Ⅰ类水。水环境的改善让仁岸村有了全面承办龙舟、游泳、垂钓等水上运动项目的条件。在此基础上,仁岸村不仅大力发展赛事经济,更开始尝试发展游乐项目,先后投资建设了水上娱乐、自行车骑行等娱乐设施。这些活动和项目的开展在吸引游客的同时带动了村民的收入不断增长。仁岸村不光恢复了"美丽生态",美丽的自然环境更使得仁岸村有了向着"美丽经济"不断演进的基础。

2. 改善民生基建"美"

乡村振兴不应仅仅停留在农业生产性基础设施的建设,美丽乡村建设应将更多的资金投入生活性的、社会发展性的基础设施,不断去满足村民的基本需求。在环境治理的基础上,仁岸村也重视村中的基础设施建设,努力丰富村民的文化生活。村里投资400万元建起老年文化活动中心综合楼以及村文化礼堂、农民阅览室,藏有各类书刊1万余册。另外,仁岸村还投资45万元修建了综合楼停车场。同时,村党支部大力推进人居环境改善工作。针对村里的环境卫生,村里成立以党员干部带头的"治污办",充分发挥党员的引领带动作用,挨家挨户做农户思想工作,鼓励拆除猪圈。并在拆除地块上建起了上可避雨,下可坐人聊天,前有小桥流水的文化走廊,既解决环境问题,又展示了仁岸村的文化。村里还将生活污水纳入污水管网集中处理,改造提升村庄道路,安装村内路灯,全面修缮富有文化底蕴的何浩宗祠,这些都使得仁岸村村容村貌为之一变,极大地改善了仁岸村的居住条件,为村民带来了切实的福利。

3. 引进杨梅致富"美"

乡村振兴产业是基础,美丽乡村没有支柱产业,很难谈发展。村支部经过调查研究,引入东魁杨梅作为仁岸村主要农产品进行培养。经过多年的培育,"仙仁杨梅"终于在杨梅市场中打出一片天地,在浙江省农业吉尼斯擂台赛上两度获誉"浙江最甜杨梅"。杨梅合作社的生意好起来，逐渐带动村民的收入增加，激发了村民生产的热情，形成良性循环，促进共同富裕的建设。有了产品作为产业的基础，仁岸村也积极推动销售方面的改革。仁岸村积极开发创新销售渠道，每年六月，通过镇村联动、节庆搭台、产业唱戏的方式举办"杨梅节"，形成"以一村发展一品、以一品打响一店、以一店联动一片"的生态产业发展模式，带动产业上下游发展，让更多的人享受到杨梅产业发展带来的红利。近年来，仁岸村更是借着直播电商等新兴销售方式，以"直播+助农+电商"的新模式将"杨梅节"搬到线上，拓宽了杨梅的销路，有力地宣传让大山深处的杨梅一跃成为热门产品。全村单杨梅一项就合计为村民增加收入5000多万元，为村民带来超过2.3万元的人均收入，杨梅已然成为仁岸村的"致富果"，实现一颗红果子带富一方百姓。截至2021年底，仁岸村家家户户都有杨梅这一绿色农产品，村里的杨梅种植面积成倍增长，总面积突破5000亩，盛产面积超3000亩。产业引进发展的成功，集体经济的不断壮大，是带动村民致富的坚实基础。

4. 乡旅结合产业"美"

产业对于农村发展、实现共同富裕至关重要。可以利用产业的延伸带动作用，也要看到产业之间的联系，利用产业间的相关性促进产业间的融合发展。仁岸村凭借其自身的环境优势，大力发展乡旅结合产业。仁岸村通过不断加深对自身各种资源的了解，并结合实际情况对村庄进行整体设计，探索出一条充分整合自身资源的自我发展之路。到2021年底，仁岸村沿着堤坝已铺设一条进村绿道，周边还建有铁索桥、观光塔等建筑，省杨梅采摘旅游基地也已通过专家验收，正在准备投入使用。同时，还邀请专业的画师根据岩石形状绘制新颖的3D动物彩画。沙滩艺术乐园、旅游接待中心、农家乐等项目工程也即将开工建设。同时，仁岸村计划在成功创建国家 3A 级景区村的基础上，以"生态果园＋农家乐"为底色，全力推进清井湾漂流、百亩溪滩、大佑山"天空之堡"等项目落地实施。这些项目的落地使得更多的人享受到发展带来的红利，继续提高村民收入和村集体收入。

5. 数字治理科技"美"

为弥合城乡数字鸿沟，加快乡村数字化建设，仁岸村从自身实际出发，为满足人民对美好生活的向往，积极开展数字治理建设。目前，仁岸村基层治理数字化管理服务平台初具雏形，村庄数字化管理建设项目有序推进，于 2022 年底建成。未来，仁岸村将围绕邻里、文化、健康、低碳、产业、风貌、智慧、治理和交通九大场景，积极探索乡村数字化改革工作，谋划实施 16 个试点建设项目，实现景村一体化、村庄景区化。通过试点力争使仁岸村生态环境得到明显改善，美丽乡村建设成果更加稳固，农旅产业融合发展水平进一步提升，基层组织建设显著增强，乡村治理体系更加完善，达到新时代乡村标准。

（二）乡村共同富裕建设的实践启示

实现共同富裕产业是基础，农村集体经济发展是关键。仁岸村结合农村实际，注重资源的利用和资源的转化，找到符合农村实际的发展之路，推动了农村经济的发展和农民收入的增长，这对推动农村的共同富裕建设是有启发的。

1. 乡村要美丽，环境是基础

环境既是乡村振兴的基石，也是实现共同富裕的重要基础。越来越多的事实证明，放任环境的恶化，不仅影响经济社会发展，而且会给人民群众的生命健康、社会的可持续发展带来许多威胁阻碍。"绿水青山就是金山银山"是永恒不变的真理。美丽乡村建设注重内外相宜，表里一致，既要重视水域、建筑等外在"美"，也要注重文化、基建等内在"美"。美丽乡村的建设要着眼全局进行规划，制定一套长远有效、符合实际的规划，并参考设定相应的标准来进行，确保美丽乡村建设的高水平。只有这样，农村的发展才有基础，共同富裕建设才能得到保障。

2. 乡村要振兴，群众是主体

乡村振兴、共同富裕建设的一切还是要依靠人民群众，最终造福人民群众，始终把农民的切身利益摆在首位。一方面，无论是环境治理时成立党员的"治污办"，积极做思想工作，指导群众改变生活方式，还是引进杨梅、促进乡旅结合，以及未来要努力打造的数字治理，这些想法的落实最终都需要人民群众的积极参与；另一方面，乡村发展制订的相关方案都要基于人民群众的需要，以造福人民为出发点，建立仁岸村文化走廊、实行"直播+助农+电商"的新模式来举办杨梅节、推进以优美环境为基础的旅游业等，都应当体现人民群众对于生活的基本需求，保证人民群众生命健康，增加人民群众收入，丰富人民群众精神生活。

3. 乡村要兴旺，产业是支撑

农村产业培育既可以是传统产业，也同样可以是现代产业；既可以是单个产业，也可以是多个产业融合发展。且要注意产业的延伸带动作用，促进产业链上下游的发展，扩展产业带动的受益面。同时，要结合自身实际，找到符合自身发展条件的产业，避免单调抄袭，才能夯实经济基础，实现可持续发展。仁岸村通过对杨梅产业进行深入的调查研究，最终才确定杨梅作为支柱产业进行引进；通过对环境的治理，确定乡旅结合这样的发展模式。当然，产业的选择也从来不是一成不变的，也要根据社会经济的客观规律，自身的发展变化，调整产业发展方向，与时俱进，跟上时代发展的步伐。

4. 乡村要发展，要素是支持

加快新形势下的农村发展，实现要素的优化配置是关键。农村面大量广，存在各种各样的、相辅相成的要素，如何有效地管理和利用农村的资源是目前农村发展的一个突破点。仁岸村利用桥洞打造咖啡馆，利用进村绿道打造自行车骑行，利用环境优势打造 3D 动画彩绘等，综合利用自身的要素与资源发展乡村经济，把资源优势转化为发展优势。未来仁岸村还将在现有基础上努力打造数字化村庄，利用数字技术，对村庄的整体要素资源进行科学统筹、合理利用，把各种要素的潜力发挥出来，实现效益的最大化，为乡村发展、共同富裕建设服务。

5. 发展要持续，党建是根本

只有加强党的建设，农村工作方向才不会偏移。必须找准带头人，发挥党员的带头作用，增强党组织的凝聚力与战斗力，才能产生创新发展的合力。必须把从严治党覆盖到村级治理的每个角落，坚持党务、财务、村务公开，提升党的公信力。仁岸村的改变始终坚持发挥党组织的战斗堡垒作用和党员的先锋模范作用，把人民群众对美好生活的追求作为奋斗目标，将一项又一项的改革落到实处，将一个名不见经传的小山村，变成了浙江的"网红村"，实现了仁岸村的华丽转身。

二、把负债变成富裕的联丰经验

缙云位于浙西南，是浙江省 26 个经济加快发展县之一，而联丰村是缙云县壶镇镇的一个普通行政村，由雅化路、高陇、牛江三村合并而成，辖内面积 4.5 平方公里，现有耕地面积约 2006 亩，人口 1081 人。2015 年前的联丰，村内环境脏乱，违建严重，虽位于缙云县壶镇镇域中心，但村集体经济却负债 100 多万元。近年来，联丰村大力开展花园乡村建设、全面环境整治、村容村貌提升等工作，村庄环境焕然一新。从一个以传统草席编制为主要产业的脏乱村庄蜕变为村景优美、产业兴旺的共同富裕示范村。在生态治理、产业发展及乡旅融合等方面连创佳绩，截至 2021 年底，联丰村荣获浙江省 3A 级景区村、浙江省示范文明村、浙江省美丽乡村特色精品村、浙江省善治示范村等荣誉，并成功入选第二批全国乡村治理示范村。

（一）从负债到富裕的主要做法

联丰村从一个贫困村发展成一个富裕村，离不开倚靠自身区位优势引进产业的探索，更离不开坚持科学规划、积极动员村民群众共建家园的努力。

1. 环境治理，让乡村更美丽

美丽乡村已成为联丰极具特色的一张金名片，得益于村干部抢抓机遇，把提升村容村貌作为重点任务，主抓公共环境管控、民房建设无序等现象，着力打造宜居宜业的美丽家园。联丰村通过开展发动党员、民兵、村民代表、群众等各方力量，在全村范围内进行"清除脏乱差、清理乱堆放、拆除违章建筑、拆除危旧房，空地绿化、路面硬化"等工作，村容村貌有了较大的改善，并清理出一批可利用的空间为节点打造做准备。以"百日攻坚"行动为契机，学习"千村示范，万村整治"工程经验，把全村当作一个景点来设计，贯彻"拆除违建、打扫干净、鲜花点缀、居民和谐"的理念，统筹推进农房改造、穿衣戴帽、垃圾分类、美丽庭院建设，高水平建设美丽乡村。借助农房改造政策，以庭院为最小单元，开展巾帼庭院、青春庭院、美丽庭院系列创建活动，以点带面改善村容村貌，大环境与小环境同步发展。联丰村发动党员带头种植10盆花，逐步带动全体村民种花养花，在此期间村集体为村民发放花盆1500多个，发放花架150个，并通过开展"美丽家庭"评比活动，充分调动村民种花的积极性。发挥妇联组织和广大家庭的独特作用，村妇联主席、妇联执委带头示范引领，立足妇女和家庭，创新发展模式，建立长效机制，着力推进花园庭院建设。活动前后的联丰有了翻天覆地的变化，成为了"一步一景，四季有花"的美丽花园，成功打造出一批"花园庭院"样板户，扮靓庭院成为每个家庭的自觉行动，花园乡村建设成效显著。村内人居环境质量、乡村建设水平有了极大提高，整洁有序、特色鲜明的联丰村不仅展现了生态宜居的美丽乡村村貌，更是保留和传承乡土文化的重要载体。

联丰村通过几年的努力，多举措发力换来了村容村貌的蜕变升级，村庄变干净、变整洁，再以创建"花样联丰"为切口，让村庄变宜居、变美丽。未来，联丰村将进一步打造微田园景色和节点精品，积极探索长期有效的美丽建设机制。同湖川小学共建爱心农场，与周边企业共建美丽环境，形成人人参与美丽环境建设的良好氛围。

2. 自立自强，让集体经济更有"钱景"

联丰村始终将富民作为发展的第一要务，富民的前提便是产业兴旺。村干部深刻认识到集体经济发展不能"等、靠、要",在完成村容村貌整治后,梳理了当地毗邻企业群且村镇人口密集、配套娱乐设施较少的现状,引进了卡丁车项目。

为响应"花满壶镇"的活动,联丰村决定以"万莲花海"为主题,围绕荷塘景观打造卡丁车配套设施,让游客既可以欣赏美景,又能体验卡丁车项目,带动集体经济增收的同时进一步提升了联丰村的吸引力与辨识度。在村集体资金紧张、负债百万元时,村党支部敢想敢做,多位干部以个人名义向多家银行贷款,筹措400万元启动资金,发展村集体经济。村两委的模范带头,增强了村里的凝聚力,村民更关心、更支持村里工作。除了向银行贷款,联丰村产业发展还得到壶镇镇土地供应、镇内企业家资金捐赠等大力支持。仅5个月时间,40多亩烂泥塘变身荷花池,花海四周建造了一条800米的卡丁车赛道,有了好风景的同时,更有了好"钱"景。时至今日,荷花节、卡丁车项目吸引了十里八乡的游客前来观景赏玩,最高日内接待游客数4000余人。2021年项目总营收270余万元,单日最高为村集体增收2.06万元,每位村民每年有700元的收益分红,真正实现了从美丽环境到美丽经济的双赢。此外,联丰村为厚实村集体"家底",带动村民增收致富,还积极探索物业经济发展路径,盘活闲置土地资源。注重"村企联合",与锯床龙头辰龙等企业开发物业楼,既解决了部分村民就业问题,又为企业解决了用工难、厂房紧张的问题;利用中山街沿街交通便利、商贸活跃的优势,因地制宜通过农民公寓出租、村民建房公开招标、有偿选位等形式,预计将创收1000万元,闲置土地租金收入稳定在年57万元,多举措逐步增强村集体经济自我"造血"能力。同时,村里还积极发挥乡贤力量,不断招引项目,谋划新业态,寻求新发展。与乡贤对接,引进了水上乐园项目,与卡丁车项目互相促进。还规划了廊桥与生态停车场项目,并与乡贤企业"两岸咖啡"积极沟通四合院茶艺与咖啡结合的项目。产业的成功引进不仅壮大了集体经济规模，更实实在在为村民增加了收入。

村集体经济的发展，增强了联丰村的发展后劲。不仅增加了村集体收入，为村环境的改善和公共服务的提升创造了条件，使共同富裕有了坚实的经济基础；同时，村集体经济的发展，也广开就业渠道，为村民致富创造了条件，实现了村集体经济发展和村民收入增长的同步，使昔日的贫困村成为远近闻名的富裕村。

3. 党建引领，让人心更凝聚

能带领群众走向富裕的党员才是好党员，能调动起农民发展经济积极性的干部才是好干部。联丰村始终坚持自立自强发展集体经济，增加农民收入，离不开联丰村支委的作用。在改造村容村貌前期，村班子深刻意识到，思想是行动的先导，要想改变现状，要从基层党建抓起。首先，通过主题党日活动监督把关，主抓组织生活不规范、不严肃等问题。其次，建立固化党旗、党建标语上墙等制度，开展党员卫生、绿化包干等志愿服务活动，进一步浓厚党建氛围，在潜移默化中提高党员的党性意识和服务意识。以党建为引领，使党员的素质有了明显提高，"事不关己，高高挂起"的思想不再出现，"听党话，跟党走"也见诸实际行动。在改造过程中，充分发挥党支部的领导核心作用、基层党支部的战斗堡垒作用、党员的模范带头作用，定期组织村内党员进行大扫除，每位党员负责一片村庄区域，确保村庄人居环境保持良好，并且由村务监督委员会人员不定期对村庄卫生进行检查，对每位党员负责的区域进行评分，将精神文明建设作为内部建设的重要内容。

联丰村注重以党建引领基层治理，以"群众带群众"，实现村民参与农村治理和增加农民收入的"双赢"道路。党总支以每月15日的主题党日和党员活动日为载体,通过"三会一课"狠抓党员党性教育,自治、法治、德治、绿治、智治多措并举,以"花样联丰"为主题开展党员义务劳动,全村党员的能力素质和干事风气都得到极大提高,广大群众也深受感染,积极参与村居环境美化工作。

(二) 从负债到富裕的经验启示

通过乡村振兴实现共同富裕是农村发展的要求,联丰村从负债村到富裕村,靠的是美丽乡村建设推动乡村产业发展,走出了一条适合农村发展的路子,这对加快乡村振兴、实现共同富裕是有启发的。

1. 始终坚持科学规划

首先,要科学把握差异性,兼顾地区特色的同时合理规划,保证政策落实精准,注重发挥人民群众的积极性、主动性、创造性,才能推动农村产业振兴更具前景、更有活力。其次,要聚焦区位优势。地理位置、资源禀赋、生态环境、传统文化、交通运输、劳动人口、产业布局等都是发展不可或缺的要素,政府要因势利导,对产业规划发展作出科学指导。实践证明,坚定走贴近实际、科学规划、因地制宜的发展路线,方能真正造福人民。

2. 始终坚持产业致富

产业兴旺是强村的新引擎,是解决"三农"问题的前提。产业兴旺是增强乡村吸引力,带动农村各方面发展的必由之路。产业不兴旺,没有"硬支撑",共同富裕就会成为无源之水、无本之木,就无法为农业强、农村美、农民富和农业农村现代化提供持续有力的支持和保障。村有千百种,风情各不同。农村产业培育既可以是传统产业，也可以是现代产业，既可以是单个产业，也可以是多个产业融合发展。只有找到适合自身实际和发展阶段的产业，才能夯实经济基础，建设美丽乡村，让广大村民的钱袋子鼓起来，实现可持续发展。同时，产业的选择也不是一成不变的，而是要随着经济社会的发展，不断革故鼎新、自我革命，与时俱进跟上时代发展的步伐。要在农村做好产业引进，就一定要因地制宜，充分挖掘本村的区位、资源、文化等独特禀赋，综合调配农村优势资源，只有特色鲜明、优势突出的乡村产业，才能有旺盛的生命力和持久的竞争力，让共同富裕的脉动更加有力。

3. 始终坚持多举并行

注重村企联建，将企业发展与促进地方发展相结合，盘活乡村土地资源，有力促进群众增收、村集体经济壮大，确保村、企、农户三方互惠互利、共同发展。乡村振兴要与企业发展、农民增收结合，就要因村制宜，企业负责提供技术指导、资金支持、产品加工与销售，村级主要负责流转土地、提供劳动力等，为带动村级集体经济增收助力。同时，要注重乡贤力量，发挥乡贤带动乡村发展的作用。农村基础设施薄弱，补短板、改形象，提升人居环境品质，光靠政府投入还远远不足，依靠内外乡贤能人对家乡建设的关注，帮助家乡和企业开展招商引资、开拓市场，积极为农村建设出资出力。为有效调动乡贤的积极性，推动乡贤对家乡的归属感，创造乡贤对家乡作贡献的成就感，应建立乡贤表彰机制，多载体、多渠道、多平台挖掘乡贤故事，宣传乡贤事例，树立乡贤典范，引导全社会尊敬厚爱乡贤。

4. 始终坚持发动群众

巩固建设"美丽乡村"的成果，必定离不开群众。要以百姓需求为导向,以群众参与共建美丽家园为核心,充分发挥村民主体作用,以实现社会组织增能、村民群众受益为目标,引导本村村民参与美丽乡村建设。通过发挥党建引领作用,激发村民参与家乡建设的内生动力,充分利用村域资源优势,让共同富裕的道路越走越宽。要充分调动群众在公共事务参与上的积极性,坚信群众的创造力是无穷的,抓好基层治理的关键便是要尊重群众的首创精神,激发基层生机活力。要坚持"有所为有所不为",对该管的,绝不缺位、绝不推脱,积极主动当好"店小二",提供优质、高效、到位的服务;对不该管的,绝不越位、绝不包办,放手让群众去创新、去试错。联丰村正是在这样的环境下逐渐探索形成了一套行之有效的治理体系,实现了村容村貌的跨越转变。

三、把传统变成流传的东方经验

芥菜干又称"梅干菜",也被称为"博士菜",缙云加工制作梅干菜的历史悠久。近年来随着缙云烧饼产业的发展,作为制作缙云烧饼必不可少的食材原料,缙云梅干菜产业异军突起,扩大了产业的影响力并推动了农民增收致富的实现。梅干菜由芥菜加工而成,而芥菜的种植和干制是利用"冬闲田"和农闲零碎时间为农民增收的有效途径,从缙云县芥菜干主产区和主供区东方镇的数据来看,2022年芥菜种植面积超过1万亩,芥菜种植面积4500多亩,种植加工农户3200多户,菜干产量570多万斤,年产值5000多万元,加工后亩产增收1.5万元,芥菜干收购价可达16元/公斤,成为农民增收致富的主导产业。

(一) 把传统变成流传的主要做法

近年来，东方镇党委多措并举促进菜干产业发展，菜干产业持续蓬勃发展，产业优势突出，产量稳增长、品质见提升，品牌与影响力不断增强，成为当地名副其实的富农产业。

1. 规范加工标准，保证菜干质量

菜干产业能否发展好，质量是关键。东方镇在发展菜干产业过程中，始终坚持质量优先的发展要求。一是严格质量标准。为保障菜干产品分级准确、质量稳定可控，东方镇近年来致力于制作标准、产品分级的统一。2021年，经缙云县市场监督管理局积极助力，由丽水市农林科学研究院、缙云县缙云烧饼协会等单位联合申报的《芥菜干加工技术规程》列入《2021年第一批丽水市地方标准制定计划项目》。从原料采收、制作方法、产品质量三方面，对芥菜干的制作过程和工艺标准进行详细规定。对食盐的使用量、腌制时间、蒸制时间、焖制时间提出明确要求，突出芥菜干加工特有的"低盐回卤"腌制工艺和"三蒸三晒"传统手法，确保技术规程具备较强的指导性和可操作性，为保护传统工艺、规范加工过程和提升产品品质提供技术支撑。二是加强质量监管。在监督过程中，东方镇农业技术综合服务站为保证菜干质量，走好品牌化建设之路，持续开展梅干菜质量提升行动，向农户发放《给广大菜农朋友的一封信》，并采用定期检查与突击检查相结合的方式，对不符合晾晒标准的工具进行收缴，并向农户提供科学晾晒的培训指导。

2. 创新农企联结，推动产村融合

一是组建生产运作模式。为将菜干发展成特色高效农业，助推产业升级,"以点带线、以线带面",持续带动农民增收致富。东方镇政府采用"公司+合作社+基地+农户"的生产运作模式,培育出一批技术力量雄厚、生产设施完善的菜干加工公司,大力发展无公害种植基地,带动全县3000余户农户种植,产品远销全国多个省市。收购公司通过统一管理模式,帮助农户节约成本、提高产品价格,并免费提供生产技术、销售信息等服务,在鼓励农户大力种植芥菜、制作菜干的同时,对农户定期进行专业的技术指导与理论知识培训。二是改进生产制作工艺。在晾晒技术上,东方镇也有所突破。小镇以龙头企业为榜样,探索立体晾晒模式,通过采用全套硬件设备,制定企业标准,提高效率,减少翻晒人工成本,在不改变风味的同时保障了食品卫生,防止沙石污染。部分高标准产品不仅通过了SC认证,更实现了与正大集团、西贝莜面村餐饮、早阳集团等大型企业的合作。这种摒弃以往路边或晒坪晾晒传统的做法筑牢了当地农产品质量的安全防线,不仅是规范生产工艺流程的创新性举措,也为当前东方镇打造菜干产业"2.0升级版"夯实了基础。

3. 激发群众热情,凝聚群众智慧

一是激发群众发展热情。在引导菜干产业优质发展的过程中,必须重视群众的热情与智慧。东方镇党委政府始终将菜干产业的高质量发展作为工作重心,通过搭建菜干制作交流学习平台、举办菜干品质评比大赛等形式评选出辖区农户制作的优秀菜干样品,以此激发农户对于农产品知识学习的热情,促进菜干种植和制作技术的不断提升。二是攻破技术难关。东方镇以补助资金为基础,持续开展芥菜新品种、新技术的研究推广,通过委托专业培训机构量身定制培训项目,开展芥菜标准化种植技术、病虫害防治技术、科学施肥技术、栽培管理技术、加工干燥技术培训,全覆盖、全方位、全领域提升技术能级。同

时，针对东方镇菜干产业发展及缙云烧饼对菜干的品质需求，邀请省科技特派员、中国计量大学崔海峰教授定点联系指导，以产品质量安全为导向，以规范化的田间栽培及标准化的腌制加工生产为切入点，经常性组织技术培训和指导，将最新技术手段和知识送到农户手上。三是开展协作交流。在缙云县政协协助下，当地以"菜干质量提升"为主题，深入群众发掘菜干产业发展存在的问题，科研人员、农户代表以及企业负责人对菜干标准化生产、菜干产业实现生态产品价值转化、菜干如何促进富民增收等方面展开协商探讨，有效促进缙云菜干产业高质量发展。

4. 用好财政资金，打造富农产业

积极发挥财政职能作用，补助东方镇特色产业资金300多万元，用于建设菜干产业配套设施，提升芥菜种植基地生产道路条件，为东方镇全面推动高质量菜干产业体系发展、惠及农村农民，实现共同富裕埋下伏笔。当地依托财政共补助农户465户，为村民购置洗菜机74台、切菜机363台、腌制桶1155个、晒网31540平方米、烘干机1台，提高菜干产品附加值的同时保证了菜干口感与质量，实现了产品价格提升，助推菜干产业向规模化、规范化、精品化方向发展，切实提升了农户们的经济收益。此外，依托财政补助资金打通供产销环节阻塞，最大限度拓宽销售链，采取订单、直销、代销和电子商务、网上销售等多形式、多模式的销售策略，建立更加健全的菜干销售网。

5. 传承产业文化，推动产业融合发展

东方镇还在促进菜干精深加工，挖掘菜干文化内涵上积极发力，推进一二三产融合发展，依托"芥菜王"评比大赛、菜干文化节、菜

干宴等活动形式，挖掘菜干乡愁文化，不断扩大缙云菜干的影响力。在文化传承方面，以美丽城镇建设为契机建立"陌上菜干"主题博物馆，详细阐明缙云菜干产业发展的历程，深入挖掘菜干这一产业特色的文化内涵，为传承缙云苦教苦学的"梅干菜精神"、寄托缙云人民乡愁记忆提供了有形载体。

（二）把传统变成流传的经验启示

作为地方的特色传统产业，在市场化的大背景下，东方镇菜干产业逐步发展壮大，提高了传统产业的竞争力，提高了农产品的附加值，增加了农民收入。这种以传统产业为主攻方向，不断挖掘产业优势，提升产业竞争力的做法，对增强传统产业竞争力，推动地方经济发展是有启发的。

1. 产业富农，统一高标准是关键

作为传统产业，长期以来东方镇的菜干传统粗放式发展占比较高，产出的菜干质量参差不齐，在食品安全上也得不到保障，此类产品不仅无法满足国民对食品安全的高标准要求，更失去了规模化、产业化的潜力。实施标准化生产，旨在确保菜干的质量、提升农产品的市场价值。标准化生产以市场为导向，有力避免盲目生产、不规范生产带来的弊端，从而提升生产效率，减少农产品滞销的概率，增加东方镇相关从业者的收入。因此，要想真正做到产业富农，关键就是要实现菜干加工规范化、标准化生产。在改造过程中，由缙云县、东方镇政府主导，运用统一、简化、协调、优选的原则，通过制定和实施相关标准，把菜干加工全过程纳入规范的生产和管理轨道。这种标准化的加工流程，让芥菜干的加工效率有所提升，也保障了质量的稳定，保

留传统加工手法精髓的同时坚持科学至上、健康为本，严格把关原料品质、工艺流程，并以农业龙头企业等新型经营主体来示范带动，实现了菜干产业质的突破。

2. 产业富农，农企合作是途径

在推动农企联结、产村融合上，一方面，为适应竞争需要，东方镇的菜干加工龙头企业有动力进行资源要素的优化配置，严抓质量安全，通过"公司+合作社+基地+农户"等方式不断提升"东方菜干"这一地理标志农产品品牌的市场化运作；另一方面，企业为入社的所有农户提供全方位的产前、产中、产后的系统化服务，保障原材料供应稳定、质量优越。东方镇通过"公司+合作社+基地+农户"的横向联合，不但扩大了菜干产业经营规模，发挥了规模优势、规模效益，还实现了农业丰收、农民增收，最终实现农民富裕。这一模式能切切实实为参与的农户带来显著的经济效益，让农户共享成果，这种看得见、摸得着的体验是带动广大农户的积极性、创造性的动力源泉。因此，培育地方龙头企业，以企业形式带动地理标志产业发展，鼓励走"公司+合作社+基地+农户"的组织模式，不光能确保农户利益稳定，实现地理标志产业致富的可持续发展，也对缩小县域城乡收入差距起到积极作用。这离不开东方镇政府因势利导、激励发展，以龙头企业与农户的合作，以产业发展新模式承载各方的发展目标和利益，提升农户主动参与经济活动的热情、使命感、获得感和成就感，实现创收、增收。

3. 产业富农，强化产业链条是核心

乡村产业的发展和壮大，离不开产业链的延伸，农产品加工业是农业产业体系中承前启后的关键环节。菜干加工提质增效，直接关系着能否实现后续多环节的产品增值。只有延伸农产品产业链，提升价值链，才能把特色做成优势，让乡村产业更富民。东方镇通过一系列完善的菜干产业扶持政策，加强政策供给，加大对深加工龙头企业等新型经营主体的支持力度，推广一体化经营、标准化生产，为加工产业发展提供支撑。借助科技创新突破技术难关，提升加工技术水平，打通了菜干加工技术关键环节和"瓶颈"制约。此外，注重搭建平台载体，横向融合一二三产业，纵向贯通产销，打造农产品加工业升级版，开创全产业链发展融合模式。在深化菜干加工、延伸产业链的同时，举办菜干节、成立菜干博物馆，打造出一条集文旅、美食体验、生态休闲等元素于一体的绿色经济产业链，深入开发农业本身所具有的生态、文化、旅游、康养等多重价值，为东方镇芥菜产业赢得更多市场空间和利润空间，促进农民增收和产业发展。因此，发展特色优质的农产品加工，延长其产业链、提升其价值链、利益链，在促进农业增效、农民增收、满足居民新需求等方面发挥着重要作用。而坚持财政资金补助，则让当地的农产品加工产业更具竞争力。

四、把小产业培育成大市场的壶镇经验

实现共同富裕经济是基础，财政是保障，缙云作为加快发展县，始终不放松制造业的发展，机床产业有很强的竞争力，是其中的杰出代表。缙云机床小镇位于缙云县壶镇镇，自1995年12月缙云县第一台带锯床成功研发以来，缙云机床产业发展迅速。2010年3月，国家工商行政管理总局商标局核准全国第一个锯床集体商标——"壶镇锯床"商标，缙云机床产业集群抱团转型升级迈出了关键一步。2016年1月缙云机床小镇获批，成为丽水市首个制造业"特色小

镇"，小镇积极探索山区生态工业新路，经过多年的发展，形成以锯床和特色机械装备为核心，智能家居、医疗健康为引领的产业集群，多项产品和技术跻身全国前列。自创建以来，小镇紧扣任务目标，突出产业特色，强化高端要素集聚，注重有效投资，不断引进投资额较大、科技含量高、经济效益好的生态工业项目，集聚了一大批掌握核心竞争力、核心技术的成长型企业，攻克多项重要领域的"卡脖子"技术。截至2021年底，缙云仅带锯床生产企业及相关配套企业已有150余家，从事锯床生产、销售等相关人员超3万人，带锯床产销量占全国锯床份额的70%以上，实现规上产值16.3亿元，形成了机床原材料、铸造、零部件、配套件、双金属带锯条、圆锯片及销售运输物流等延伸产业的完整生产链。2021年5月，缙云机床小镇被浙江大学中国新型城镇化研究院等机构评为"浙江省最具综合活力的十大特色小镇"之一。

（一）发展机床产业的主要做法

1. 做大做强龙头企业，形成产业集聚

机床产业是缙云壶镇的传统产业和特色制造业，有创业的基础和产业集聚的优势，在长期的发展过程中，形成了拉床、弯管机、切割机等特色机械装备制造和新型金属材料生产的产业集群。而产业集群的做大做强需要龙头企业的带动，畅尔、晨龙、锯力煌、汉达机械等龙头企业，不仅在研发和生产高端拉床、专用机床、复合机床以及机器人集成等"机械换人"智能装备产品上具备产业竞争力，更是荣获省隐形冠军企业、国家专精特新"小巨人"等荣誉，已从替代进口的定位发展成为具有国际竞争力的产品，真正实现中国"智"造。

一是靠研发。通过腾笼换鸟，推动整个产业转型升级，解决了缙

云带锯床产值低的问题，带动锯床行业从产业集聚迈向品牌集聚。尤其是龙头企业研发了 AI 全智能算法控制、远程运维、锯切全生命周期管理等一系列智慧生产的全智能高速带锯床。通过数字化、智能化、标准化生产线的改造，实现了企业劳动成本、产品技术的"迭代"，全智能高速带锯床受到上下游企业的一致认可，实现了产销的旺盛，推动了行业发展。

二是靠合作。机床企业除了自我革新外，还积极借助外力，加强与科研院所的合作，通过与浙江大学等专业开发团队的校企合作，联动突破高端精密锯床的关键难题，借助软件计算，大大减少人工操作，各环节质量由机器监测，工艺模块化产品达到国际先进水平，大大提高了产业的竞争力。

2. 立足产业标准制定，撬动企业创新热情

行业标准对于企业来讲，意味着方向与引领，标准的制定者意味着拥有话语权。国家市场监督管理总局在 2018 年明确由浙江晨龙锯床股份有限公司承担全国金属切削机床标准化技术委员会锯刨床分技术委员会（SAC/TC22/SC6）秘书处工作，意味着机床小镇在行业标准制定上迈出了重要一步。县政府决心用好标技委落户这一渠道优势，全力支持缙云企业开展标准研制。2020 年，由浙江晨龙锯床股份有限公司主导起草的国家标准计划《机床安全 金属锯床》、浙江晨雕机械股份有限公司主导起草的《数控水平卧式带锯床 第 1 部分：精度检验》《数控水平卧式带锯床 第 2 部分：技术条件》两项行业标准正式获批立项。小镇企业主导制定的这三项锯床标准获批立项标志着缙云锯床龙头企业成为全国锯切装备制造行业的领跑者，龙头企业抱团参与制标的积极性、协作性有了明显提高。当地企业不断自我革新，标准参数不断提高，进而占领、引导我国锯床市场发展，这是企业的生存之

道。自2016年机床小镇被列入省级特色小镇创建名单,通过企业职业技能等级认定等机制创新、数字化改革等方面综合发力,形成产业特色鲜明、集群优势明显的特点。目前,机床小镇拥有多个创新创业平台,具有较强的科技支撑能力和较强的市场释放能力,通过借力省级重点研发项目,邀请浙江清华长三角研究院专家开展产品对标和溯源分析,与科技、经信等部门合力推进锯床制造业改造提升工程。通过"百城千业万企对标达标提升专项行动",省市专家上门开展标准化知识专题培训,针对行业标准、最新政策及标准申报(制定)流程等进行解读,满足不同企业多层次标准制定需求,发挥标准化引领质量提升作用,提升标准质量,从基础上、源头上提高企业产品和服务质量,推动企业质量和行业质量的提升。最终促进核心技术和专利技术向标准转化。

3. 多措并举稳就业,千方百计引人才

产业兴,则就业稳,产业带动就业,就业反过来也能促进产业发展,二者相辅相成。缙云壶镇的机床小镇长期立足区域优势,努力发展优势制造产业,以一镇之力,占据了全县工业经济总量1/3以上的份额,贡献的税收收入占全县税收收入总量的1/4以上,仅带锯床产业便为当地创造3万余个工作岗位。在疫情和外部经济双重影响及高校毕业生规模创历史新高的大背景下,机床小镇所在的壶镇镇政府多次举办人力资源交流大会,搭建起当地锯床企业和群众沟通的桥梁,积极响应缙云县助企纾困稳就业政策,为求职者建立专人信息储备库,对符合条件及有工作意向的人员进行人对人、点对点的岗位政策精准推送,强化服务供给,多元化的岗位切实地减少了企业用人成本,帮助企业纾困解难。县镇政府扎实推进就业优先战略,在鼓励返乡就业上下功夫,着力促进就业质量的提升。

一是科研合作留人才。缙云壶镇地处山区，交通不便。当地政府具体问题具体分析，制定了以"科创飞地""柔性引才"为核心的人才引进模式。政策的核心，就是与发达地区的高等院校、研究院开展合作，与高校院所共建联合实验室，研发工作仍在高校院所中完成，而科技成果和投产项目则在缙云当地落地孵化。此模式充分利用缙云当地相对充沛的土地、厂房、劳动力等优势条件，又免去高水平人才对于学术交流便利程度、固有社交圈和生活习惯等方面的顾虑。

二是政策创新育人才。"引来人、留住人、培养人"一直是缙云机床企业秉持的宗旨。一方面重视人才，人才是小镇的生命力，创新离不开人才，发展离不开人才。机床小镇民营企业对当地的作用并不局限于就业，更重要的是吸纳人才、培养人才。目前，青年人才就业、创业及创新发展一直是当地制造业企业所高度重视的。发挥小镇龙头企业的辐射带动作用，产业链上的每一个生产环节如今都蒸蒸日上，成为地方就业的有力抓手。缙云县政府极为重视当地锯床和特色机械装备产业创新服务综合体的建设，积极探索技能人才评价新模式，让企业对人才进行职业技能认定。遴选出一批具有代表性的企业作为企业职业技能等级认定的第一批试点单位，不仅企业重视，员工积极性也更高，逐步形成了员工技能提升、企业人才不断、小镇产业发展的良性循环。

三是政策支持引人才。在人才引进方面，当地政府推出了海外引才计划、"绿谷精英·创新引领行动计划"等支持政策，以人才引进为抓手，给予高层次人才和科技企业全方位、多领域、深层次的资源支持，助力中等收入群体规模的扩大。汇聚科技力量、激发创新活力，开拓特色赛道，为缙云经济社会高质量发展提供源源不断的"智"力，促进产业发展，推动共同富裕的实现。

4. 政府支持，精准服务助力工业建设

产业的形成和发展，除了行业协会规划、企业家、技术人才与职工的共同努力外，离不开地方政府的引导和政策支持，以及良好的营商环境，这是产业发展不可或缺的外部条件。

一是依托新政策机遇。抓住工业、科技政策修订的有利时机，将标准化奖励纳入缙云县高质量绿色发展政策体系，新增主导制定国际标准奖励100万元，主导制定国家标准奖励提升至30万元。引导优势产业、龙头企业将技术创新、标准领先的优势拓展到知识产权、质量和品牌创建等多个领域，以领军者的姿态抢占发展制高点。

二是畅通问题收集渠道。缙云县以企业精准服务办公室为主要承办机构，建立多种企业问题信息反馈渠道。建立缙云县领导联系企业和"一对一"助企服务员制度，常态化走访联系企业，积极作为、靠前服务，收集企业问题。充分完善缙云工业管理服务系统（企业端）各类功能，畅通企业对问题上报、涉企政策解读、财经资讯、厂房租售、项目申报、"缙情贷"等各类信息的诉求渠道。同时，及时公布宣传精准服务办公室企业问题咨询电话和县纪委作风建设投诉电话，为企业提供全天候、常态化的诉求办理与意见反馈服务。

三是完善问题解决机制。由缙云县精准服务办公室及时收集汇总各类企业问题，根据各部门职能第一时间开展问题交办，建立落实企业诉求"135"限时办结制度。即"简易事项"当场即办，做到"事不过夜"；"高频事项"由责任部门在3个工作日内予以解决或提出解决方案，承办单位须将办理结果向企业和县精准服务办公室进行反馈，并进行满意度评价；"复杂事项"由责任部门提交县精准服务领导小组研究协调，在5个工作日内予以解决或提出解决方案；特别重大问题，提交联席会议研究协调。确因特殊原因未能按期办结的，需向企业说明原因，并提出下阶段办理措施。

（二）做强机床产业的启示

1. 高质量、跨越式实现产业集群提质增效

科技创新、产业升级一直都是推动高质量发展的重中之重。要全力营造良好的创新生态，以平台集聚为基础，提升主体创新能力。缙云为服务好锯床产业这个"财富密码"，筛选出与县域发展路径匹配、协调的产业，并引导产业集群化发展，是区域提质升级的关键所在。依托产业链从产业发展、人员培养、平台建设、技术突破等多方面入手，提升锯床小镇工业装备品牌知名度，实行"平台联建、活动联办、人才联育、信息联通、经验联学"的五联工作模式，帮助企业由粗放型设计向精细化设计与研发转变。行业区域品牌与产业集群建设对于推动产业转型升级、促进经济发展、激发新动能有着极大的激励作用，把集群企业聚集起来实现高质量抱团发展，从而提高行业话语权。在走向共同富裕的道路上，围绕"双循环"的新格局，发挥缙云锯床特色产业集群和政府服务优势，搭建更大平台，把握更多主动权，方能推动中国锯床产业实现新发展。

2. 企业实现社会价值，践行社会责任

机床小镇的各家锯床企业深知产业的飞速发展离不开社会的哺育和支持，因此不仅要实现企业自身的经济价值，还要实现社会价值，特别是实现经济价值与社会价值融合，将向善的基因融入企业发展战略，在通往共同富裕的道路上都能贡献一份力量，体现我国科技型企业的中坚担当。当地锯床企业重视对社会公益事业的支持和捐助，在支持当地社会养老事业、老年体育事业发展以及新农村建设、文化

建设等方面持续发力。各企业不仅向村镇"输血",更注重在"造血"上作探索,在帮扶发展壮大村集体经济,助力乡村振兴中探索出了一条行之有效的路径,为村民提供了更多的就业岗位和创业思路,实现了行业发展、企业壮大和地方社会事业发展的双赢。一是通过互动,让村镇思想更解放,发展经济思路更清晰,思维更活跃,办法更多,使村集体有了发展的"动力源"。二是在项目上下功夫,与村党员共同研究探索,因地制宜抓项目,使村集体有了生钱的"摇钱树"。

3. 红色引擎喷薄"奋进动力"

通过组建锯床产业党建联盟,积极推动央企、高校、地方特色产业协会的跨界联动,为提升缙云锯床品牌知名度影响力提供强大组织力,为加快缙云锯床产业集群抱团转型、智造升级抢抓"宝贵时间窗口",在当前国际国内"双循环"新格局下搭建更大平台,把握更多主动权。建立当地特色的"红色车间",是机床小镇提升企业凝聚力、生产力和竞争力,实现党建发展和生产经营"同频共振"的有力抓手。将企业车间打造成党组织设置的最小单元,推动党建工作向"神经末梢"拓展延伸,通过在车间设置党员先锋岗、党员突击队、党员责任区等举措,进一步激发党组织活力,将车间阵地优势转化为党建生产力的"红色引擎"。播撒"红色种子"在生产一线,厚植"红色基因"在车间一线,"红色车间"在改造提升传统产业、培育发展新兴产业、推进创新驱动战略等方面发挥先锋模范引领作用。在缙云机床小镇,散布在企业中的"红色细胞",聚力点燃了"红色引擎",成了生态工业高质量发展的中坚力量。从锯力煌的"红色车间",到晨龙的"五心"党建,再到畅尔的"红色书院",党建引领创建,一个个"红色引擎"为缙云的产业提供持久的生命力。

Chapter 6

第六章
县级共同富裕建设的财政体制机制构建

共同富裕是社会主义的本质要求，是经济社会发展的必然，而财政又是实现共同富裕的重要保障。《浙江高质量发展建设共同富裕示范区实施方案（2021—2025年）》中明确提出要创新完善财政政策制度，主要包括加强财政管理，提高各级财政中长期保障能力；优化财政支出结构，加大民生投入力度；创新省对市县财政体制，加大省级转移支付调节和精准性；完善山区26县财政奖补与绩效考核机制；健全土地出让收入省级统筹机制，大力推进乡村振兴事业发展等方面，这是对省级财政的新要求。与此同时，作为省级财政重要组成部分的县级财政，在新起点、新背景下也有了新目标与新要求，县级财政要加强预算绩效管理水平，做好县域财源保障工作；要优化财政支出结构，提高县域公共服务优质共享水平；要推进财政数字化改革，激活县域财政发展新动能；要大力推进乡村振兴事业发展。县级财政作为国家财政的重要基础，承上启下，地位至关重要。共同富裕示范区建设对省及以下县级财政建设提出了新目标、新要求，缙云财政必须按照共同富裕建设的新要求，加快财政体制机制构建，为高质量发展建设共同富裕提供支撑和保障。

一、县级共同富裕建设的财政体制机制构建实践

缙云是个加快发展县，也是财政困难县，2021年实现财政总收入32.21亿元，比上年增长16.7%，其中，一般公共预算收入20.00亿元，增长15.9%；一般公共预算支出66.80亿元，增长1.7%。财政收支矛盾突出，需要省级财政的转移支付。但在财力有限的情况下，缙云始终重视发挥财政资金四两拨千斤的作用，积极引导社会资本推进缙云经济社会发展，把财政资金用好、用出效益，在共同富裕建设中财政的职能作用得到充分体现，夯实了共同富裕建设的财政基础。

（一）"十三五"期间及2021年缙云县财政体制建设分析

"十三五"期间，缙云县地区生产总值呈稳定增长趋势，财政收支规模基本保持平衡，表现出较为稳定的增长趋势。其中，税收收入占比稳步增长，非税收入占比缓慢下降，财政自给率基本稳定；一般公共预算支出中对教育支出投入力度连续五年保持第一；自2019年以来，"三保"支出基本稳定在30亿元左右，保基本民生支出占比较高，为"十四五"规划的实现打下了坚持基础。"十四五"开局之年，缙云县实现地区生产总值273.93亿元，同比增长9.9%；实现规上工业

增加值 69.5 亿元，增长 21.7%，总量和增速均排名丽水市第一；实现浙江省 26 个加快发展县发展实绩考核"六连优"。缙云财政正在努力推进县级共同富裕建设，探索出一条具有缙云特色的财政助推共同富裕建设的路径。

1. 财政收入增长稳定

缙云县财政总收入与地方财政收入情况如表 6-1 所示。"十三五"期间，缙云县在 2017 年财政总收入破 20 亿元大关，到 2020 年突破 27 亿元。2021 年财政总收入为 32.21 亿元，进一步突破 30 亿元大关，2018 年、2020 年和 2021 年税收收入占地方财政收入比重均超过 80%，增值税、企业所得税和个人所得税作为主体税种连续六年基本保持稳定增长趋势。

表 6-1　2016~2021 年缙云县财政收入和地方财政收入情况表　单位：亿元

财政收入	2016 年	2017 年	2018 年	2019 年	2020 年	2021 年
财政总收入	18.3631	20.0886	24.6826	25.9918	27.5938	32.2100
地方财政收入	12.1503	13.0521	15.3412	16.6468	17.2529	20.0012
税收收入	9.5481	10.3681	12.6826	13.2646	14.0625	17.2710
增值税	3.0614	4.5742	5.9416	6.1676	6.9943	7.6918
企业所得税	0.7766	0.9330	1.3231	1.3739	1.3557	2.0257
个人所得税	0.3938	0.5162	0.7352	0.5550	0.7370	0.7497
资源税	—	—	0.0892	0.0283	0.0329	0.0375
城市维护建设税	0.4954	0.5441	0.6832	0.6978	0.8425	0.9017
房产税	—	—	0.3328	0.3737	0.2573	0.2866
印花税	—	—	0.1528	0.1585	0.1824	0.2485
城镇土地增值税	—	—	0.3292	0.3182	0.1533	0.1928
土地增值税	—	—	1.0629	1.2830	1.5798	2.2566
车船税	—	—	0.1972	0.2080	0.2133	0.2327
耕地占用税	—	—	0.4050	0.8836	0.1190	0.2120
契税	—	—	1.4213	1.1999	1.5782	2.4185

续表

财政收入	2016年	2017年	2018年	2019年	2020年	2021年
环境保护税	—	—	0.0095	0.0166	0.0168	0.0169
非税收入	2.6022	2.6840	2.6586	3.3822	3.1904	2.7302
专项收入	0.7737	1.4125	1.2203	1.2756	0.9664	1.0957
行政事业性收费收入	0.2500	0.0711	0.2958	0.3764	0.2608	0.0950
罚没收入	1.1960	0.9502	0.8533	1.2965	1.2367	0.7432
国有资本经营收入	-0.0550	-0.0550	-0.0541	-0.0550	-0.0550	-0.0550
国有资源（资产）有偿使用收入	0.3104	0.1971	0.2255	0.2886	0.6611	0.7331
国有土地使用权出让金收入	1.3643	6.6637	16.5035	20.0001	46.9029	37.2711

资料来源：《缙云统计年鉴（2021）》，2016~2021年缙云县财政预算与决算报告。

如图6-1所示，"十三五"时期，在地区生产总值保持增长的状态下，财政总收入相对规模与绝对规模也保持稳定增长，其中，财政总收入占地区生产总值的比重在2017~2018年增速最快，之后有所下降；2021年财政总收入占地区生产总值比重约为11.76%，仍达到历年最高值。

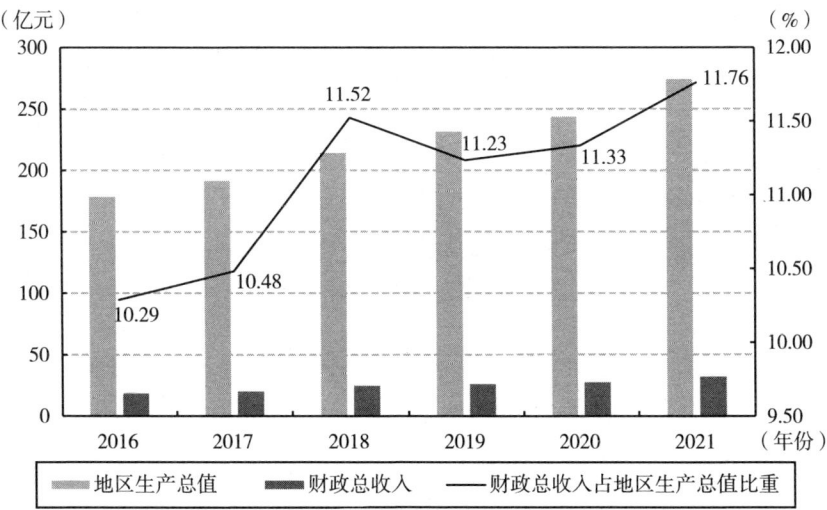

图6-1 2016~2021年缙云县地区生产总值与财政总收入的增长比较
资料来源：《缙云统计年鉴（2021）》。

如图 6-2 所示,2016~2021 年,缙云县税收收入占一般公共预算收入比重保持稳定增长;中央税收返还占地方财政收入比重有所下降,但程度较缓;非税收入占一般预算收入比重整体有所下降,2021 年仅为 13.65%;转移性收入占地方财政收入比重在"十三五"期间呈现较快增长趋势,尤其在 2017 年,同比增长约 70%,之后增速有所下降,2020 年比重达到最高,约 212.66%,然而到 2021 年呈现出较快的下降趋势;财政自给率保持小幅度下降但整体稳定在 30% 左右。

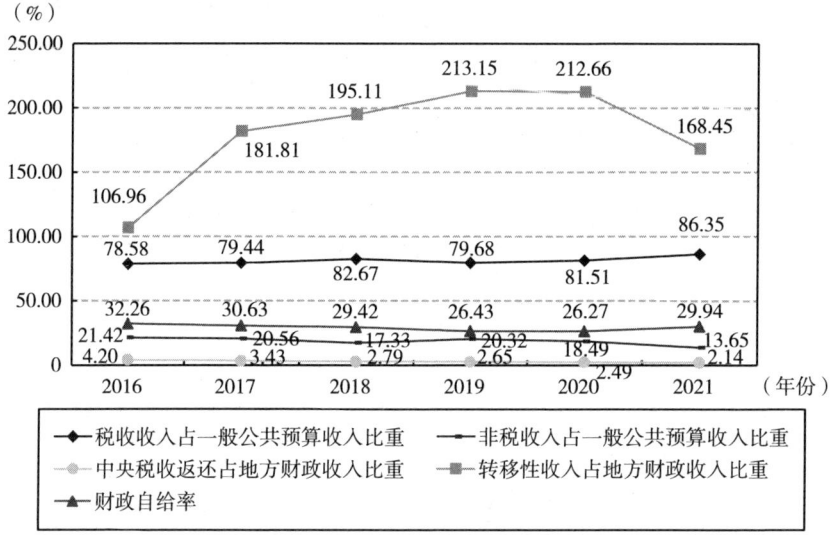

图 6-2　2016~2021 年缙云县主要收入占地方财力比重情况

资料来源:《缙云统计年鉴(2021)》。

2. 财政支出基本得到保障

地方财政支出是地方政府为了履行政府职能,执行地方公共政策的成本。地方政府支出包括地方一般公共预算支出、地方社会保险基金支出、地方性政府基金支出和地方国有资本经营支出。其中,地方一般公共预算支出简称地方财政支出，是地方政府支出最重要的内容。从表6-2显示数据可知，"十三五"期间，缙云县一般公共预算支出年平均增长率为105.48%，2019年突破60亿元，其中用于民生事业的支出累计达212.9亿元，是"十二五"的2.45倍，基本公共服务均等化全面达标。

表6-2　　　　2016~2021年缙云县一般公共预算支出
及主要支出情况　　　　　　　　　单位：亿元

项目	2016年	2017年	2018年	2019年	2020年	2021年
一般公共预算支出	37.6690	42.6085	52.1537	62.9736	65.6728	66.8023
一般公共服务支出	2.9932	3.3236	4.6569	5.2062	5.5615	6.1996
教育支出	8.3531	9.3391	11.5705	11.8221	12.6895	12.6955
科学技术支出	0.3225	0.5196	0.7493	1.5191	1.4200	1.6387
文化体育与传媒支出	0.3461	0.4246	0.7292	1.5384	1.5749	2.8141
医疗卫生支出	2.4447	3.9958	6.2464	5.4803	7.0532	7.4782
社会保障和就业支出	2.4548	5.0604	6.8655	10.6832	10.5172	9.6897
农林水事务支出	3.8518	5.0667	6.6530	7.8557	7.8014	7.0420
城乡社区支出	6.4912	4.7387	5.2342	8.6738	3.6972	3.7219

资料来源：《缙云统计年鉴（2021）》，缙云县历年财政预决算报告。

如表6-3所示，2016年以来，一般公共预算支出的主要项目中，教育支出连续六年居于首位，"十三五"时期的前三年，除了教育支出外，城乡社区支出和农林水事务支出比重较高，医疗卫生支出和社会保障及就业支出相比较低。但是从2018年开始，随着城镇化建设的逐步推进与实现，城乡社区支出比重有所下降，而社会保障和就业支出及医疗卫生支出比重排名稳步提升，社会保障和就业支出自2018年以来仅次于教育支出。整体来看，除城乡社区支出和文化传媒支出绝对规模有所下降，其余支出均保持稳定增长趋势。

表 6-3　　2016～2021 年缙云县一般公共预算主要
支出项目按比重排名情况

排名	2016 年	2017 年	2018 年	2019 年	2020 年	2021 年
1	教育支出	教育支出	教育支出	教育支出	教育支出	教育支出
2	城乡社区支出	农林水事务支出	社会保障和就业支出	社会保障和就业支出	社会保障和就业支出	社会保障和就业支出
3	农林水事务支出	社会保障和就业支出	农林水事务支出	城乡社区支出	农林水事务支出	医疗卫生支出
4	社会保障和就业支出	城乡社区支出	医疗卫生支出	农林水事务支出	医疗卫生支出	农林水事务支出
5	医疗卫生支出	医疗卫生支出	城乡社区支出	医疗卫生支出	一般公共服务支出	一般公共服务支出

如表 6-4 所示，自 2019 年以来，缙云县"三保"支出总额基本维持在 30 亿元左右，其中保基本民生支出比重最高，占"三保"支出比重连续三年超过 50%，2019 年最高约为 17.82 亿元；其次是保工资支出，基本稳定在 12 亿元左右；相比之下，保运转支出较低，不到 1 亿元。

表 6-4　　2019～2021 年缙云县"三保"支出情况　　单位：亿元

项目	2019 年	2020 年	2021 年
"三保"支出	30.54	29.21	28.70
保工资支出	11.94	12.49	12.38
保运转支出	0.78	0.72	0.77
保基本民生支出	17.82	16.00	15.55

资料来源：《缙云统计年鉴（2021）》，2019～2021 年缙云县财政预算与决算报告。

3. 地方政府债务保持合理水平

如表 6-5 所示，"十三五"期间，缙云县地方政府债务限额从 27.4 亿元提高至 65.97 亿元。省政府代发地方政府债券变化幅度不大，在 2017 年、2019 年均低于 10 亿元，2021 年达到历年最高的 17.40 亿元，债务率均保持在70%左右。全县年末地方政府债务余额与地方政府债务限额每年基本持平且连续六年增长幅度保持一致，其中一般债务余额占比近年来有所下降，从2016年的73%下降至2021年的56%，而专项债务余额占比却有所上升，从2016年的27%上升至2021年的44%。

表6-5　　2016~2021年缙云县政府债务情况　　单位：亿元

项目	2016年	2017年	2018年	2019年	2020年	2021年
地方政府债务限额	27.40	34.70	46.99	51.95	65.97	80.87
省政府代发地方政府债券	12.20	8.00	12.32	5.30	14.60	17.40
新增债券	6.00	8.00	8.00	5.00	14.00	14.90
再融资债券	—	—	—	0.30	0.60	2.50
置换债券	6.20	0.00	4.32	—	—	—
全县年末地方政府债务余额	26.70	34.67	46.96	51.95	65.94	79.01
一般债务	19.60	21.53	33.82	38.81	41.44	44.61
专项债务	7.10	13.14	13.14	13.14	24.50	34.40

资料来源：《缙云统计年鉴（2021）》，2016~2021年缙云县财政预算与决算报告。

4. 缙云县财政收支及主要支出在山区26县中的比较

地方公共服务供给主要由政府来承担，供给能力水平的高低与地方财力及支出比重密切相关。缙云作为山区县，选取2020年山区26县财政总收入、一般公共预算收入、一般公共预算支出、一般公共服务支出和教育事业费五个统计指标数据，结论如表6-6所示。通过比较分析发现，2020年缙云县的财政总收入为27.59亿元，比上年增长6.16%，低于山区26县平均水平（30.33亿元）。2020年一般公共预算收入为17.25亿元，比上年增长3.6%，低于26县平均水平（18.61亿元）；2021年一般公共预算收入20.00亿元，同比增长15.9%。2020年一般公共预算支出65.67亿元，比上年增长4.29%，超出山区26县平均水平（61.89亿元）的6.11%；2021年一般公共预算支出66.80

亿元，同比增长 7.93%。其中，在一般公共预算支出中，2020 年一般公共服务支出为 5.56 亿元，同比增长 6.72%，占一般公共预算支出比重 8.47%，山区 26 县平均水平为 6.93 亿元，高出缙云县 1.37 亿元。2020 年教育事业费 12.69 亿元，同比增长 7.36%，高于山区 26 县平均水平（10.33 亿元），占一般公共预算的比重为 19.32%。2021 年是"十四五"开局之年，按年末常住人口计算，2021 年人均公共预算收入为 4923.68 亿元，位列山区 26 县第 14 位，低于 26 县平均水平（5774.56 亿元），仅占全省平均水平（12633.9 亿元）的 38.97%。在"十三五"末，财政收入水平整体低于山区 26 县平均水平，但是财政支出水平却高于山区 26 县平均水平。教育是立国之本，对于一个县城来说，更是"立县之本"，通过比较可以看出，缙云县的一般公共服务支出比重较低；教育事业费不仅占比高，而且排名较前。

表 6-6　2020 年缙云县财政收支与公共服务支出在山区 26 县排名情况

指标	2020 年（亿元）	同比增长（%）	山区 26 县排名	山区 26 县合计（亿元）	山区 26 县平均（亿元）
财政总收入	27.59	6.16	13	788.50	30.33
一般公共预算收入	17.25	3.60	13	483.95	18.61
一般公共预算支出	65.57	4.29	9	1609.20	61.89
一般公共服务支出	5.56	6.72	15	180.11	6.93
教育事业费	12.69	7.36	6	269.00	10.35

资料来源：浙江省山区 26 县 2021 年统计年鉴，2021 年浙江省山区 26 县国民经济和社会发展统计公报。

（二）"十三五"期间及 2021 年缙云县财政管理体制的特征分析

1. 财政收支规模稳步提升，主体财源上"重农业，强工业"

缙云县地区生产总值从 2015 年的 162 亿元扩大到 2020 年的 243.4

亿元，跨过 200 亿元大关，年均增长 7.6%，高于省市平均增速。人均 GDP 突破 1 万美元。固定资产投资五年累计达到 484 亿元，是"十二五"的 1.2 倍。社会消费品零售总额突破百亿元，达到 105.6 亿元，年均增长 11%。财政总收入达到 27.6 亿元，其中一般公共预算收入 17.25 亿元，年均增长 9% 和 9.4%。出口总额达到 77.1 亿元，年均增长 9%。县域竞争力走在全市前列，山区 26 县发展实绩考核连续四年获全省优秀等次。在稳定粮食生产的同时，大力发展有代表性、有故乡情、有乡土味、有独特性、有价值链的"黄（烧饼、黄茶）、白（茭白、爽面）、红（杨梅）、黑（梅干菜）、灰（麻鸭）"的五彩乡愁富民产业，增添农业产业发展动能，撬动经济效益，加快实现"生态美、百姓富"，让更多的农民先富起来，从而更快实现共同富裕，为后发地区实施乡村振兴战略和县域经济发展提供了有力探索。据统计，2021 年，缙云县实现烧饼产值 27 亿元，黄茶产值 0.98 亿元，茭白产值 15 亿元，爽面产值 2.4 亿元，菜干产值 0.64 亿元，杨梅产值 1.3 亿元，麻鸭产值 21.8 亿元。2021 年，缙云县实现农村常住居民人均可支配收入 26422 元，增长 12.6%，增速不仅在丽水市，在浙江省也保持前列。此外，缙云县还始终坚持"工业强县"的政策，经过多年的培育和发展，缙云的工业基础有了显著提高，形成了以机械装备、健康医疗、智能家电、短途交通产业为基础的工业体系，成为加快发展地区发展工业的典范。2021 年，四大主导产业累计完成规上产值 323.7 亿元，在全县规上工业产值比重中占 84.6%，其中机械装备产业实现规上产值 183.2 亿元，成为全省 26 个加快发展县中 8 个百亿产业之一。缙云不仅被列入第三批"浙江制造"品牌培育试点县，更成功入选"中国创新百强县"。

2. 财政支出规模稳步扩增，主体支出上"重教育，保民生"

"十三五"期间，缙云县财政用于民生事业的支出累计达 212.9 亿元,是"十二五"的2.45倍,教育支出比重连续五年占一般公共预算支出主要项目首位。基本公共服务均等化全面达标。城镇和农村居民人均可支配收入分别达到47774元和23466元,年均增长8.2%和9.7%,城乡居民收入倍差从2.18倍缩小到2.04倍。改造新建校舍31万平方米,增加学位9120个,创成省教育基本现代化县。社会保险覆盖面持续扩大,32.1万人纳入城乡各类养老保险,41.3万人纳入城乡各类医疗保险。新建改造医院、卫生院5家,每千人床位数提升到5.9张,人均预期寿命提高至79.85岁。建成保障性住房3944套、60.7万平方米。创成全省首个"中国小吃文化地标城市""中国民间戏曲文化之乡"。连续六届荣获省"双拥模范县"。坚持城乡一体发展,城乡环境蝶变升级。累计投入城市基础设施建设资金47.3亿元,完成土地征收1.54万亩、房屋征收74.4万平方米,建成区面积扩大到10.73平方公里,常住人口城镇化率从51.8%提高到60.8%。缙云锦江国际大酒店、滨江城市综合体等一批城市新地标拔地而起,南区块连片开发逐步成型,"好溪时代"走进现实。成功创建国家卫生县城、省示范文明县城,入选全国文明城市提名城市。新建改造等级道路62.3公里,330国道综合整治、330国道莲缙段等一大批重大交通项目建成通车,金台铁路缙云段具备通车条件。建成各类绿道544公里,新建和改造提升"四好农村路"439.4公里,农饮水达标提标惠及群众18.3万人,建成农村文化礼堂188个,行政村客车实现村村通,农村公厕实现全覆盖。壶镇小城市培育成效显著,工业化、城镇化齐头并进。城镇建设、美丽乡村取得丰硕成果,创成省级小城镇环境综合整治样板乡镇10个、美丽城镇样板乡镇2个、美丽乡村示范乡镇6个、特色精品村16个、美丽风景线11条,新增省级以上历史文化村落53个、传统村落47个。"无违建乡镇(街道)"创建实现全覆盖。获评全省小城镇环境综合整治优秀县、美丽城镇建设优秀县、美丽乡村建设优秀县。

3. 深化体制机制创新，主体投资上"重创新，强科技"

缙云县一直以来大力推进开放协作，为加快发展积蓄强大动力。累计实施省级以上改革试点103项，应对中美贸易摩擦、招引世界顶尖企业等创新做法得到省市主要领导点赞。全面推进"最多跑一次"改革，41项个人和企业全生命周期事项实现"一件事"全流程办理，机关内部间非涉密事项实现100%网上办理，政务服务更加便民高效。政府机构和事业单位改革全面完成。国资国企改革取得实效。"三位一体"农合联改革不断深化。对外开放全方位拓展，累计引进亿元以上大项目110个，总投资349.6亿元，实际利用外资6400万美元。主动融入长三角一体化发展，山海协作不断深化。助力四川省南江县脱贫"摘帽"，助推光雾山景区成功创5A。与德国皮尔纳市、塞尔维亚兹韦兹达拉市缔结友好城市。全面践行创新发展理念，生态产业提质增效。工业从低迷到重振雄风，时隔6年重新领跑全市。累计处置"僵尸企业"82家，不良贷款率从最高的6.73%降至0.57%，规上工业增加值近三年连续保持两位数增长。新培育规上企业146家、产值超亿元企业18家、税收超千万元企业12家。研发经费支出占生产总值比重预计从1.4%提高到2.8%，在国家（省）万人计划、省级高新技术产业园、省科技进步一等奖等八大领域填补全市空白，科技创新指数跃升山区26县首位。仙都景区开启丽水旅游5A时代，创成4A级景区2个、3A级景区5个，第三产业占地区生产总值比重从38.9%提高到51.2%。农业现代化加快推进，创成农业现代园区、特色强镇2个，建设粮食生产功能区8.1万亩、高标准基本农田11.1万亩，新增国家级地理标志证明商标和农产品5个，缙云烧饼成功注册欧盟商标。获评中国创新百强县、全国县域旅游综合实力百强县、全国县域数字农业农村百强先进县、全国特色产业百佳县，被国际旅游联合会授予

"最佳品质旅游县"称号。

二、县级共同富裕建设中财政体制机制存在的问题

一套运行良好且设置合理的县级财政体制是县域经济发展的支付保障,也是提高政府治理能力的基础,必须秉着"绩效为本"的理念,建立差别化的、有利于增强县域经济发展内生动力的财权和事权相对等的地方财政体制,以促进整个县域的发展壮大。当前,县级财政之所以普遍出现收入不足、支出增长过快等各类运行问题,根本原因是现行财政体制存在一定缺陷,影响共同富裕建设财政职能作用的发挥。

(一)财政收支矛盾突出

尽管缙云县的经济发展总体稳定,农业的基础好,工业的发展快,财政收入增长平稳,但是与发达地区相比,缙云的财政经济发展依然面临不少困难,财力的增长难以满足支出的需要,财政收入矛盾突出。

一是财力基础薄弱。财力主要来自经济的发展,尤其是制造业的发展。但由于缙云工业经济的对外依存度高,近年来又受到疫情及俄乌冲突的影响,经济发展遇到了不少困难,且企业规模普遍小,财源的稳定性差,财力增长缓慢。

二是财政支出压力大。相对财政收入的增长,财政支出又受到刚性影响,控制财政支出的难度大,且许多新增支出增长快,如失地农民的社保支出、疫情的防控支出等大大超出了财政的可承受能力,加剧了地方财政的困难。

三是非税收入增长难。缙云是个"八山一水一分田"的典型山区

县，土地资源稀缺，来自土地的收入即土地出让金较少。在"吃饭靠财政，建设靠土地"的"吃饭财政"背景下，靠非税收入的增长以缓解财政困难的难度大，对上级财政的依赖性强。

（二）财政预算绩效管理有待加强

缙云县预算绩效管理工作从无到有、从粗到细、从点到面，取得了阶段性的成效，但存在的困难与问题也不少。

一是部分单位预算绩效理念不强。近年来，随着预算绩效管理改革的深入推进，各部门对预算绩效管理工作有了一定程度的了解，但长期以来形成的"重支出、轻管理，重预算、轻绩效"的思想没有得到扭转，导致少数部门对预算绩效管理工作重视不够，缺乏主动性，工作上应付的成分偏多，没有真正将绩效管理工作作为一项重要的日常工作来抓。

二是预算绩效工作基础薄弱。一方面，部门整体联动能力不足。预算绩效管理责、权、利不匹配，可能导致预算绩效编制不合理。预算编制范围和项目不全面，绩效目标不精准，各个预算之间缺乏整合，则很有可能导致预算绩效管理目标和预算支出进度难以完成。另一方面，部分财务人员业务能力不能满足预算绩效管理工作要求。预算绩效管理工作对具体经办人各方面综合素质要求较高，如有的单位没有会计、财务会计核算实行中介外包、单位只设一名出纳、财务人员业务素质欠缺等情况，都会严重影响预算绩效工作推进的质量。

三是评价结果应用有待于进一步加强。一方面，评价结果应用不及时。上年度预算执行结束后，要等到下一年才开始对上年度支出进行绩效评价，实施评价具有一定的滞后性，等待评价结果出来，下一年度部门预算早已在当年1月之前就编制结束，导致绩效评价结果应用不及时。另一方面，部分绩效评价报告质量不高。评价不真实客观，报喜不报忧，没有体现问题导向和绩效导向，无法用于调整预算和用于实际改进和指导工作，报告的结果应用不理想。

四是绩效管理信息化建设待加速。预算绩效管理要实现对预算体系全方位、全过程、全覆盖，无论是绩效目标编制、绩效监控数据统计分析、还是绩效评价工作开展都有大量繁重、复杂的工作去做，迫切需要加快预算绩效管理信息化建设来减轻工作量。同时，还要打破"信息孤岛"和"数据烟囱"的局面，促进财政和各单位的业务、财务、资产等信息互联互通，最终才能实现绩效预算。

（三）税收现代化水平需要全面提升

共同富裕目标的实现，最终依赖于全面深化改革、发挥制度合力，税收制度是其中的重要一环。效率和公平是共同富裕的"一体两翼"，完善现代税收制度，更好地明晰不同税种在其中的功能定位，有效发挥相互之间的协调配套作用，既要全面提升、激发高质量发展能力，又要强化税制在收入分配中的精准调节力度，更加有力维护社会公平正义。目前，缙云县的税收体系在推进共同富裕进程中还需要进一步深化改革。

一是外向型经济导致组织收入相对困难。缙云县工业企业多为出口外向型企业，在2021年全县出口退税翻倍增长的情况下，经济指标的增长难以真金白银地完全反映在税收收入上。同时产生的免抵调库数也受省局调控影响，税收主动性受到限制。

二是两个统筹需更多精准分析和合理规划。在当前党中央实施更大规模减税降费政策的背景下，如何统筹做好组织收入和减税降费工作，处理好"减"与"收"的关系，为地方财政提供最大化保障，考验着县级政府的治理能力和工作水平。

三是人才培养队伍建设仍需重点发力。经济社会的快速变革，对税务干部的改革创新能力、公共服务能力和快速应对处理复杂工作的能力提出了更高要求，如何加强干部的培养、管理和使用以适应现代化工作要求，如何培养高精尖人才，需要政府更加科学的谋划。

四是税收现代化水平需要全面提升。在当前的改革攻坚期和转型期，党委政府和社会各界对税务工作给予了更多关注和更高期待。如何推进税收领域的现代化，提升税收治理体系和税收治理能力，织密协税护税网络，成为税务部门亟需回答的命题。

（四）就业保障压力大

2021年，缙云县全体常住居民人均可支配收入39927元，由工资性收入、经营性收入、财产性收入和转移性收入四部分构成。工资性收入为21637元，占比54.2%，这一比例在全省横向比较中并不高。财产性收入具有很强的滚雪球效应，极易造成强者恒强的极端现象，对于缩小收入差距、增进财富分配公平极为不利。长此以往，不同收入结构的群体间将形成巨大的收入鸿沟，难以在短时期内消弭。对于工薪阶层而言，工资是其收入的主要来源，工资性收入占比的提高，有利于在全社会形成努力会有回报的正反馈机制，也有助于一系列调节性政策的有效执行。同时，缙云县还面临着就业相关的挑战。

一是企业用工难问题。受区域吸引力不强、工资待遇偏低、提升渠道偏窄等因素影响，加之受人力资源市场作用有限、劳务协作渠道不宽等制约，企业用工难问题较为普遍，就业结构性矛盾较为突出。尤其在企业扩大生产阶段，高技能人才招引难、长期用工招引难等问题较为明显。

二是就业政策碎片化问题。促进就业政策系统性不强,从中央到地方,就业促进各项政策涉及领域宽、条线多、跨度大,政策条件、标准等变动频繁,导致政策与政策之间、就业政策与其他领域政策之间衔接不紧密、协同度不高,出现政策碎片化明显、部分政策难以落地等情况。

三是地方财力不强问题。由于地方财政薄弱,与发达地区相比,县财政对就业支持存在天然差距,就业创业扶持更多依赖省级就业补助转移支付专项资金,而专项资金使用过程中面临扩面难、审计严、扶持力度小、企业申报积极性不高等多重困难。由此,山区县在高质量发展和共同富裕过程中,更容易陷入人力资源困境。

(五)产业发展基金起步晚

2015年,根据国家深化财税体制改革要求和浙江省委、省政府决策部署,各级政府积极推进财政专项资金改革,加快设立政府产业基金。同年,缙云县起草《缙云县生态经济产业基金实施方案》并计划开展筹建工作。2020年,缙云县工业投资有限公司成立,承担实业投融资等职能,首个产业类投资类基金专业化运营管理平台诞生。为规范和加强缙云县政府产业发展基金的运作与管理,充分发挥政府产业发展基金的引导和放大作用,推进全县创业创新和产业转型升级,缙云县制定的《缙云县政府产业发展基金管理办法》正式出台,标志着产业基金步入了新发展阶段。发展产业基金不仅能够开拓新的融资渠道,使得融资结构更加多元化,而且还能发挥政府引导作用,加快经济结构调整,有效带动和引导社会投资,发挥财政资金的杠杆作用。但是缙云县的产业基金由于起步晚,目前还存在着一些不足。

一是地方政府财力有限,规模化组建产业发展基金比较困难。由于财政体制、地方经济发展不均衡等原因,地方政府可灵活调度的财力有限,很难筹集大量的财政资金来集中规模化牵头组建产业发展基金公司。

二是项目投资周期长、进度慢,产业发展资金使用效率难以保证。受产业发展基金规则影响,投资资金到位后基金管理公司进行投资业务,整个投资业务从项目的开始选择到投资资金到位一般都会经过比较长的一段时间。如果基金的投资决策机制不够灵活,资金在基金公司的银行专用账户就会形成大量的资金沉淀,从而造成资金的使用效率和使用效益比较低下。

三是投资基金项目少。首先,资本市场不活跃,优质项目少。新兴产业起步较晚,主导地位、引领作用还不强,科研成果转化为生产力的能力不够足,优质项目特别是成长性好的项目较少。其次,新兴产业基础薄弱,项目培育难。政府引导基金投入战略新兴类企业后,往往只能解决企业的表面问题,不能真正从根本上解决问题。政府除了资金投入还需要在企业的环境、市场前景、发展空间等方面加大关注力度,这就需要政府适时出台和修订促进企业发展的配套政策。

四是产业发展基金团队必须遵守管理规则,否则职业道德风险难以回避。事实证明,基金管理公司多为民营管理团队,追求利益最大化是其根本目的,与政府设立产业发展基金的初衷存在严重的理念上的差异。如果产业发展基金管理公司存在严重的职业道德风险和职业技能方面的严重短板,就会对产业发展基金公司的规范成功运作产生较大冲击。

(六)数字财政建设力度不够

数字财政是和经济社会数字化相适应的新型财政治理模式。建设数字财政有利于提升财政治理能力与现代化水平,并助力数字经济的高质量发展。而目前，缙云县的数字财政整体建设力度不够，还存在很大的提升空间。

一是信息化引领意识有待提升。数字财政是政府数字化转型背景下财政工作发展的必然要求。在财政数字化建设中，各级财政部门一直很重视财政数字化引领作用，但目前的一体化软件应用体系还不能满足各方需求，在数字财政建设过程中亟须引入公共数据平台、云计算等一些先进技术。

二是"信息孤岛"现象严重。目前，财政业务系统有预算编审管理系统、国库集中支付系统、会计核算系统、非税系统、资产管理系统等。由于财政各业务系统都是上级财政下发或本单位自行采购，并由不同的软件企业开发，各财政业务系统间相对独立，系统间数据共享度不高。

三是数字财政建设经验不足。数字财政建设是个复杂的系统工程，没有超前的数字化转型建设理念和数字化转型建设规划是难以实现的。由于每个县（市）财政业务系统的需求各不相同，县级财政的数字化转型建设缺乏经验，使得县级财政数字化建设难上加难。县级财政局内的业务系统，多数属于简单的单项事务处理，系统规模很小，应用难度不大，对应于数字财政这样上规模、系统性强的信息化系统建设缺少成功经验。

四是数字化专业复合人才缺乏。数字财政的趋势是财政业务一体化，在数字财政建设方面，急需一批既懂业务、又懂计算机技术的高级信息技术人才。同时，各行政事业单位的工作人员计算机应用技术水平也参差不齐，给软件选型、软件推广、软件应用等造成了一定的困难，影响了数字财政建设的深入和发展。因为数字财政建设要求财政各相关人员要成为懂财政业务、财务管理，以及熟悉会计电算化和网络的复合型人才。

三、县级共同富裕建设财政体制机制构建的对策建议

共同富裕目标的圆满实现，短期依靠优化政策措施，最终要依赖于深化体制机制改革，构建实现共同富裕的内生动力体系，更加激发制度红利。而体制机制改革要坚持现实问题导向，勇于打破束缚共同富裕的体制机制藩篱，特别是在构建高水平社会主义市场经济体制方面再发力、再突破。财政政策措施要依托于体制机制改革，有效发挥逆周期调节作用，根据实时经济运行情况从供给和需求两侧实施总量和结构性政策，发掘内需潜力，改善供给质量，让经济社会运行更加有韧性、富有弹性、保持流动性。因此，要通过顶层设计与财税改革，建立共同富裕导向的县级现代财税体制，提升缙云县跨越式高质量发展的财政保障能力，丰富居民收入渠道，提高可支配收入，进而带动内需发展，缩小居民收入水平差距，促进共同富裕。

（一）加强财源建设，夯实共同富裕建设的财力基础

发展经济，培植财源，增加地方财政收入，这是财政工作的基础，政府职能实现的保障，也是高质量发展共同富裕建设的支撑。缙云县在共同富裕建设过程中，必须处理好经济发展和财政分配的关系，始终不放松经济发展的根本，把财政收入的蛋糕做大做强，为共同富裕建设提供更多的财力保障。

1. 要创造公平竞争的市场环境

作为加快发展县，除了靠上级财政的转移支付外，必须把立足点

放在自身的发展上，这才是解决财政问题的根本。一是要加大招商引资的力度。立足"绿水青山就是金山银山"的发展理念，把资源优势变为经济优势，把生态优势变为发展优势，积极引进"亩产税收高"，对地方经济发展带动大的产业和企业，把企业做大做强。二是要改善投资环境。加大对基础设施、产业园区、公共服务平台的投入，为企业发展创造良好的发展环境，解除企业发展的后顾之忧。三是要改进政府的服务。要加快"最多跑一次改革"，改善政府服务理念和服务方式，提供更加便利高效的服务，创造公平的营商环境，增强缙云经济的竞争力，加快地方经济发展，增强地方财政财力。

2. 要推进产业的数字化发展

面对外部环境的不确定性和疫情的反复性，推进财源建设很重要的是要加快经济结构的调整，推动产业的数字化发展，以实现经济的可持续性和财力的稳定增长。一是要发展数字经济。对缙云来说发展经济的优势是生态，这是发展数字经济的重要竞争力，但也存在区位劣势，这是发展数字经济的难点。面对产业结构调整的机遇和挑战，必须扬长避短，加大人才的引进和培养，大力发展大数字、人工智能、5G 等新经济，积极引进数字经济的研发中心、培训中心、制造中心，扩大数字经济的引领和带动作用。二是要加快传统产业的数字化转型。发展数字经济不等于不发展传统产业，缙云作为加快发展县，传统产业依然是经济发展的主力方向，但要引导传统产业的数字化转型，通过数字化改造，提高传统产业的竞争力。这同样是经济数字化发展的要求，把传统产业做大做强，提高传统产业的影响力和市场占有率。

3. 要积极通过产业基金扶持经济发展

用财政政策扶持经济发展，为地方培养财源，这是积极财政政策的要求，也是经济社会发展的要求。但财政政策作用经济发展要更多采用政府产业基金的方式，以体现地方政府的产业政策要求。一是要多方共建扩大产业基金规模，发挥产业基金杠杆效应。省县、市县共建产业基金，共同出资组建母基金或入股子基金，扩大产业基金规模。指导扶持山区县建立优质项目储备库，积极引导中央直管、省管优质项目进入山区县项目储备库，进一步提高项目质量。将产业基金重点投向生态工业、生态旅游业、农村电商等领域，加快建立相应子基金，加强与省级基金、社会资本、金融资本以及大中型企业合作，积极对接市场、对接项目，充分发挥产业基金的放大效应和导向作用。二是要加强市县联动，发挥基金效用，推动产业项目更好发展。产业基金是引导社会资本进入产业发展领域的一项重要创新举措，对促进项目落地和产业转型升级具有深远意义，要加强市县联动，积极搭建合作平台，构建高效协作机制，有序引导产业基金落地运作。要围绕产业基金设立方向，抓紧筛选、论证、提报一批优质企业、优质项目，尽快组建产业基金标的项目库，为产业基金落地搭建载体。此外，要同步做好各项服务工作，严格督查考核，实行目标责任制，推动更多的项目实施，充分发挥产业基金的作用。

4. 要落实好国家减税降费政策

面对经济下行的压力，国家及时出台针对企业尤其是中小企业的减税降费政策，这既是稳经济的需要，也是积极财政政策的举措。尽管缙云财政困难，收支矛盾突出，但对国家出台的稳经济的减税降费政策，要更好更快的落实，不折不扣的执行，把国家的政策用好，让企业及时享受到减税降费带来的发展机遇，增强企业发展的信心，实现经济稳中求进，为财源建设夯实基础。

（二）深化地方财政体制改革，确保县级财政推动共同富裕建设的能力

财政体制决定了地方的可用财力，也就决定了政府职能的大小，对地方经济社会发展起着举足轻重的作用。县级财政运行过程中出现的各种问题很大程度和财政体制有关，要解决县级财政运行问题以及促进县域经济的健康发展，根本之策还在于坚持深化地方财政体制改革，提高助力基本公共服务实现的财政保障水平，增强县级财政推进共同富裕建设的能力。

1. 要深化省以下财政体制改革，增强县级财政提供公共服务的能力

浙江财政的特点是省管县，这是浙江的特色，也是浙江区域均衡发展的有力保障。按照中央全面深化改革会议提出的深化省以下财政体制改革的要求，浙江省省以下财政体制改革应在强化省级财政调控功能的同时，加大对缙云等 26 个加快发展县财政转移支付的力度。因为这 26 个加快发展县面临的共同问题是财力相对困难，是高质量建设共同富裕的难点。浙江省应加大对薄弱地区的转移支付，促进基本公共服务财政投入和公共服务资源配置优先向山区、海岛等地倾斜。省财政的特殊政策和重点支持，不仅有利于加快缙云经济社会发展，而且有利于激发缙云的发展动力，以确保缙云的共同富裕建设和全省保持同步。

2. 要适度统筹非税收入，均衡地区财力差异

政府通过财政转移支付制度，实现地区间的财力均衡，但地区之间依然存在较大的财力差异，这种差异主要体现在非税收入方面。新

《预算法》把政府所有财力都纳入预算管理，政府的财力除了一般预算收入外，还有大量的非税收入，主要是土地出让金收入，这是土地财政的基础，也是地区财力差异的重要方面。对土地财政的收入，省财政要积极参与统筹，可集中一定的比例，如5%~10%，用于均衡地区财力，加大对缙云等26个加快发展县的支持，提高加快发展县提供公共服务的能力，推动区域的均衡发展和加快共同富裕的实现。

3. 要规范地方政府债务管理

债务和税收一样是财政收入的来源，但债务又不同于税收，需要还本付息。新《预算法》"开前门，堵后门"，明确地方政府可以负债，因此，缙云县财政必须积极用好债务政策，为经济社会发展和共同富裕建设服务。一是要统筹利用债券资金，提升使用效益。认真梳理符合债券资金申报要求的储备项目，严把投资领域、严把申报条件、严把申报额度以及严把材料质量，最大限度地争取债券资金，充分发挥专项债券对稳投资、扩内需、补短板的重要作用，切实提升专项债券资金的使用效益。在同等条件下，地方政府的债务额度要向经济相对落后、财力相对困难的市县倾斜，增强加快发展地区的财政发展能力，加快推动区域的均衡发展。二是要合理控制债务规模。因为地方债务过少或过多，对当地的社会经济发展都会造成阻碍或负担。要基于各地的偿债能力去合理管控债务额度，确保地方政府债务使用管理的可持续性。

（三）优化财政支出结构，提高共同富裕建设的财政保障水平

财政资金是有限的，尤其是像缙云这些加快发展县，而共同富裕

建设对财政资金的需求是无限的，如何处理有限与无限的矛盾，关键是要对财政支出结构进行调整，做到有所为和有所不为，集中财力加大对民主支出的支持力度，为共同富裕建设提供更多的财力保障。

1. 要优化财政支出结构

在支出方面，做到支出突出重点，压减不合理支出。首先，大力优化支出结构。政府坚持缩减支出，每年应采取措施缩减非急需、非刚性支出，重点项目和政策性补贴项目也要按照从严从紧、能压则压的原则安排。与此同时，地方财政也要压缩一般性支出。其次，注重基层保障。最大限度使财力下沉，各级预算安排要突出重点，完善基层财力保障机制，切实兜底保基本民生、保工资、保运转底线。

2. 要加大对农村公共服务的支持力度

共同富裕是富裕基础上的共享，要实现共同富裕，核心是要提高低收入人群的收入水平，以缩小收入差距。可见共同富裕的重点和难点是农村，关键是要增加农民的收入。实现共同富裕对财政来说就是要增加财政的支农支出，改善农村的基础设施和生活环境，增加农民的创业收入。因此，要在农村行政区划调整的基础上，根据城乡一体化发展的需要，加强农村公共服务，推动优质资源的全面覆盖，实现公共服务的均等化。

3. 要积极推进新型城镇化建设

工业化、城市化、现代化是经济社会发展的趋势，也是相辅相成的。工业化有利于城市化的发展，而城市化又有利于工业化的推进。缙云在推进"工业强县"的过程中，面临城镇化滞后的制约，县财政必须要加快对城镇化的支持力度，加快对城镇交通通信、供水供气等基础设施的建设,加大对城镇的污水垃圾处理、城镇道路等环境的改善,以吸引更多的人口向城镇集聚,为工业化提供劳动力资源的保障,以实现充分就业和就近就业。

(四)健全多层次社会保障体系,创造共同富裕建设的制度条件

社会保障是社会稳定的基础,是共同富裕实现的保障,社会保障制度的核心是为低收入群体和困难家庭提供保障,实现收入分配的"提低"目标,这正是共同富裕建设的难点,也是共同富裕建设的要求。在完成全面建成小康社会和全面脱贫攻坚目标以后,进入现代化建设新时期,巩固脱贫成果的任务艰巨,尤其是缙云这些加快发展县。而建立多层次的社保制度,给社保制度建设提供必要的财力支持,有利于夯实共同富裕建设的基础。

1. 要完善促进就业政策体系,持续抓好稳就业工作

首先,强化就业政策的有效接续,深化与其他领域政策的协调联动,及时清理一批零支出政策,迭代升级一批社会反响好的政策,切实提升促进就业政策的系统性和精准度。同时加大对山区县就业政策倾斜,尽快出台针对山区县的专项就业政策。其次,把稳定就业作为应对经济下行压力、推动经济高质量发展的驱动力量,用好用足援企稳岗各项政策,努力为企业纾困解难,通过稳企业确保稳就业、扩就业。在援企稳岗政策落实过程中,避免撒胡椒面式做法,对稳就业扩就业成效明显、面临阶段性生产经营困难的企业要加大扶持力度,提高政策针对性;对招用大量灵活就业人员的企业,也要积极探索适宜的扶持政策。

2. 要从多维度做好老龄化问题应对预案

首先，适当增加养老服务支出，满足数量庞大的老年群体的需求。养老财政支出要适应经济社会发展规律，合理统筹和保障养老财政资金的投入。应适度提升社会保障支出占财政支出的比重，建立科学的民生保障机制，不断提升财政养老服务资金使用效率，实现对各地区养老服务的充分供给，提升老年人的幸福感和安全感。其次，提高养老服务供给质量，满足不同特点的老年群体的多样化需求。养老服务既要关注"量"的持续增长，也要注重"质"的稳步提高，高质量发展阶段的养老服务不再局限于基本生活照料，也产生了对于休闲旅游、养生健身等精神层面的需求，需要扩大财政资金覆盖范围，为养老服务提质增效。最后，加强公共卫生投入，促进健康老龄化。应通过健康行为和生活意识的提升，降低老年人慢性病患病概率，在改善老年人福利水平的同时，缓解医疗服务供给的压力，减轻老龄化趋势对于财政的负担。提升公共卫生资金的使用效率，增强公众健康生活意识，能够从源头上实现健康老龄化。

3. 要适度提高医疗和教育等基本公共服务财政支出水平

医疗和教育作为人力资本凝结的重要因素，对于共同富裕的实现有着关键作用。在医疗服务供给方面，应将财政医疗资金优先投入基层医疗卫生机构，对农村及经济较为落后的地区实施有针对性的政策，使医疗卫生资源优先向其倾斜。在教育服务供给方面，首先，应优化教育资源配置，缩小城乡和区域间教育水平差距。应将财政教育资金优先投向农村及经济较为落后的地区，重点关注不发达地区资金投入方向，保障偏远山区和农村地区基本教育资源的获得，促进教育公平的实现。其次，应不断优化教育经费使用结构，平衡把控初等、中等、高等教育经费分配，缩小财政支出在三者间的差距。最后，财政投入支持建立高端人才培养体系，全面提高全要素生产率，发挥人力资本在创新驱动发展阶段中的重要作用。

（五）推动财政预算绩效管理提质增效，增强共同富裕建设的财政效益

要把财政资金用好，必须重视预算的绩效管理。缙云县在统筹使用政府财力的同时，要提升预算绩效管理水平，加快推进预算绩效体系建设，切实引导各预算单位牢固树立绩效意识，从根本上断绝"一刀切"和"等靠要"思想。逐步实现"花钱必问效，无效必问责"的常态机制，履行好管家的责任，强化预算绩效管理，加强项目绩效评估，完善重大项目事前绩效评估机制和绩效评价结果应用机制，强化预算执行晾晒和财政资金全过程绩效跟踪监管，切实提高财政资源配置效率和使用效益。

1. 要主动作为，确保财政预算绩效改革的推进

随着绩效理念和管理方法引入财政预算管理，财政部门成为推动预算绩效管理改革的关键，要确保资金聚力增效。首先，要协调财政内部管理机构，组织开展一般公共预算、政府性基金预算、国有资本经营预算和社会保险基金预算四本预算的绩效管理工作。其次，组织制定财政支出绩效评价指标体系和评价标准，制定或修订完善涵盖各环节的管理流程和制度。再其次，引导和规范第三方机构参与预算绩效管理，出台管理办法，加强第三方机构信用平台建设，狠抓绩效评价报告质量，开展报告评审和评级工作。最后，财政部门要加强项目库管理，入库项目必须是经过严格论证、审核后的合规项目，还要对

项目实行"打捆"管理，避免项目多头申报，将项目分为延续项目和当年新增项目，实行预算金额总额控制，按照项目轻重缓急合理安排预算。

2. 要协调推进，落实预算绩效管理的责任

预算绩效管理是对财政资金的要求，预算绩效管理不仅是财政的职责，更是使用财政资金的部门和单位的职责。部门和单位都是预算绩效管理的责任主体，而财政更多是预算绩效管理的组织者，抓预算绩效管理主要靠部门和单位，仅靠财政部门的能力是难以为继的，必须调动部门和单位的积极性，这是用好财政资金，维护财经纪律的需要，必须要有高标准、严要求。不是财政要部门和单位抓，而是部门和单位必须抓，这是责任。只有预算绩效管理成为部门和单位的自觉行为，变"要我绩效"为"我要绩效"，预算绩效管理才能取得实效。

3. 要强化跟踪问效，推进绩效结果运用

按照"全面覆盖、突出重点、权责对等、约束有力、结果运用、及时纠偏"的原则，建立绩效运行监控机制，随时掌握绩效目标实现情况，将单一的支出进度管理转变为预算执行、绩效目标双维度管理，以监控促落实、促效率，推动绩效目标如期实现。对偏离绩效目标、预期无效的项目提出整改意见，要求预算单位及时采取措施予以整改和完善，并在编制下一年度部门预算时充分考虑年度中间对绩效运行的跟踪监控情况，适当调整预算安排。对于绩效管理各项工作的结论性结果，除涉密内容外，按照政府信息公开的有关规定主动进行公开，接受群众监督。建立绩效评价结果与预算安排有机结合机制，将绩效评价结果作为以后年度安排预算的重要依据。

（六）加快数字财政建设，提升财政管理，为共同富裕建设赋能

数字财政建设是财政部门落实数字政府建设部署的有力举措，是参与推动政府治理能力现代化的重要抓手。数字财政建设不仅能够提高财政管理水平，实现财政管理的科学化、规范化、精准化，而且为共同富裕建设赋能，使财政推动共同富裕建设的功能发挥更加有效。

1. 要加强平台建设，为一体化建设提供可靠载体

平台是数据标准、业务标准和技术标准的承载体，只有完善的平台，才是整个财政庞大业务的支撑。依据县级财政局财政业务的整体工作量大小可以从软件体系、安全体系、硬件平台三个方面加强平台建设。软件体系是数字财政一体化的主要内容，是建设的重点和难点。财政软件体系建设核心可以从资金管理、资产管理、财政监督和决策分析四大部分进行建设；一体化平台是财政的重要基础设施，安全与否直接关系到财政相关业务能否正常运行，因此构建全方位的安全体系十分重要；硬件平台是数字财政一体化中最重要、投资最大的基础设施，主要包括存储、服务器、网络和客户端计算机设备四部分。

2. 要注重过程搭建，为数字财政建设提供细节支持

首先，建立一套权限维护体系。在数字财政建设中涉及的人员权限，都用一套权限维护模块进行维护，具体可以定义为人员、岗位、角色、权限。其次，建立一套动态设置的流程。数字财政建设中必须建立一套动态设置的流程，随时适应财政业务流程的调整。最后，建立一套信息登记系统。在数字财政建设中，所有预算单位信息、项目

信息，以及需拨付资金的企业、行政村、自然人等信息都通过信息登记子系统进行登记，这样既可避免多头登记，又可以实现登记信息在各个系统中的共享。

3. 要完善核心系统，为数字财政建设提供有效支撑

统一账务核算系统，提升数字财政建设数据质量。通过县级电子政务网，打通集中支付系统与账务核算系统、集中支付系统中的直接支付凭证、授权支付凭证、拨款单等数据关联通道，并可以实时传到各预算单位，自动快速生成会计核算的记账凭证，同时为年终决算数据的自动生成夯实基础。此外，完善绩效评价监管系统，提高资金监督水平，构建完善的绩效评价监管系统，通过系统对各预算单位财务进行集中统一监管，将事后监督转为事前、事中监督，可以从源头上预防和制止违规违法行为的发生。

图书在版编目（CIP）数据

共同富裕之路：浙江缙云的实践/余丽生等著. —北京：
经济科学出版社，2022.11（2024.10 重印）
ISBN 978-7-5218-4185-5

Ⅰ.①共… Ⅱ.①余… Ⅲ.①共同富裕-研究-缙云县 Ⅳ.①F127.554

中国版本图书馆 CIP 数据核字（2022）第 212097 号

责任编辑：赵　蕾
责任校对：王京宁
责任印制：范　艳

共同富裕之路：浙江缙云的实践
余丽生　等/著
经济科学出版社出版、发行　新华书店经销
社址：北京市海淀区阜成路甲 28 号　邮编：100142
总编部电话：010-88191217　发行部电话：010-88191522
网址：www.esp.com.cn
电子邮箱：esp@esp.com.cn
天猫网店：经济科学出版社旗舰店
网址：http://jjkxcbs.tmall.com
北京季蜂印刷有限公司印装
710×1000　16 开　12.5 印张　170000 字
2022 年 12 月第 1 版　2024 年 10 月第 2 次印刷
ISBN 978-7-5218-4185-5　定价：60.00 元
（图书出现印装问题，本社负责调换。电话：010-88191510）
（版权所有　侵权必究　打击盗版　举报热线：010-88191661
QQ：2242791300　营销中心电话：010-88191537
电子邮箱：dbts@esp.com.cn）